庶民金融機関の戦後史

大衆と倶に永久に栄えん

由里宗之 著

三恵社

目次

はじめに……16
イントロダクション
第1講　庶民金融機関とは？　そして「庶民金融のこころ」とは？……28
1．「庶民」とは……28
2．「庶民階級」の「金融問題」と「庶民金融機関」……29
3．戦後「国民大衆」のための「中小企業金融機関」に……31
4．戦後も続いた「庶民金融」の心意気……32
5．「大衆と倶《とも》に永久《とわ》に栄えん」……34
コラム①　昭和戦後の「マル優」と令和の「NISA」……36
第1部　戦後金融史のポイント
――庶民金融機関を取り巻く時流の変転――……41
第2講　戦争直後のGHQ金融改革と「信用組合」・「無尽会社」から
信用金庫・信用組合・相互銀行3業態への再編成……42

1．「敗戦国」とGHQ改革……42
2．1951年に出そろった庶民金融機関の昭和戦後3業態……44
3．「足の金融機関」と呼ばれた3業態の資金吸収力・信用供与力……44
4．信用金庫・相互銀行の大企業融資を防ぐための制度設計……47
コラム② あわせて理解しておきたい「農協（JA）」と「労働金庫（ろうきん）」……48

第3講 戦後復興期における庶民金融機関の役割と苦労……50
1．戦後復興期も綱渡りだった中小企業の資金繰り……50
2．銀行などが中小企業への融資をいやがった理由……52
3．「中小企業融資から離れないでほしい」と訴えた大蔵省……53
4．「〝中小企業金融機関〟はつらいよ」……54
5．銀行の中小企業融資の「蛇口」は金融緩和で緩み、金融引締めで締まった……56

第4講 高度成長期の始まりと伸び盛りの中小企業金融機関……60
1．戦後復興の段階が終わり高度成長期へ……60
2．景気の乱高下と「二重構造」の宿命……62
3．「中小企業金融機関」3業態の活躍……65

第5講　金融正常化・金融効率化の要請下の中小企業金融機関……68
1．「先進国」復帰に際しての「自由化」の課題……68
2．1960年代半ばから約10年間の「〝自由化〟の季節」……70
3．1960年代前半の「金融正常化」――まだ「政策的保護」も残っていた……70
4．1960年代後半以降の「金融効率化」――「競争原理」の導入……72
第6講　存続戦略を模索する信金・信組・相銀3業界
――銀行の中小企業融資攻勢・〝大衆化〟攻勢の中で――……78
1．銀行の中小企業貸出スタンスの積極化……78
2．3業態で異なった「銀行の下方攻勢」への対応策……80
3．コンピュータ化に支えられた銀行の「大衆化」戦略と3業態の対応……84
コラム③「給料袋」から給与振込み&キャッシュカード引出しへ……87
第7講　1980年代の金融自由化とバブル経済の到来……90
1．日本の強くなりすぎた経済力と「外圧」による金融自由化・国際化……90
2．「民活ブーム」「プラザ合意」そしてバブル経済へ……91

3. 金融自由化・国際化とバブル経済の下の信金・信組・相銀……93
4. 昭和の終わりとともに「解散」した「〃中小企業金融機関〃3業態」……97
5. 「庶民金融機関の〃足腰〃」の強弱がその後の明暗の分かれ目になった……98
6. 庶民金融機関の「リレーションシップ」には、やはり価値がある……100

第2部 信用金庫の前史と戦後史――そのルーツ、あゆみ、〃事件〃――……103

第8講 産業組合から分かれ出た市街地信用組合
――目指すは「相互扶助的協同」か「近代的金融機関」か――……104
1. 実は筆者もよく分かっていなかった「協同組織」……104
2. 戦前、産業組合の「傍流」に置かれた市街地信用組合……105
3. 産業組合の「相互・協同」の理念と市街地信用組合の「独立心」の芽ばえ……107
4. 戦中期に実現した市街地信用組合という「金融機関の一業態」……110
コラム④「創立百四十周年」の信用金庫……112

第9講 戦争直後の激変のなかで生まれた信用金庫制度
――「市街地信用組合⇓信用組合⇓信用金庫」の二転三転――……116

1. 「はなはだ有難迷惑の、時代に逆行する法律」――1949年「協同組合法」……116
2. 「協同組合」から「金融機関」への法的分類替え――大蔵担当官の苦心……118
3. 「協同組合ではない協同組織」とした制度設計チームの真意……119
4. 「出資総額最低限度」という「火種《ひだね》」……122
5. 「中小企業を生かすために」――ある信用金庫経営者が悩んで見出した方向性……125

第10講　制度発足10周年の信金業界
――その発展の要因と課題、そして「信金格上げ」を図る大蔵当局――……128
1. 全信協会長の「10周年の感慨」……128
2. 3業態中でも良好な業容の伸びとその発展の要因……129
3. 「業界内の規模格差」問題と全信協の業界施策の開始……132
4. 「信金格上げ」を図る大蔵当局――「信金銀行化論」の足音……134

第11講　「信金銀行化論」を拒否した業界
――1967年金制調をめぐるドラマ――……138
1. 筆者の長年の疑問：「信金銀行化論」は〝悪役レスラー〟だったのか？……138
2. 信用金庫と「地域型」信組がそっくりな状況は大蔵省の「のどに刺さった骨」だった……141

3. 大蔵省の目に「そろそろ格上げしても良いだろう」と思われた信金業態……143
4. 「信金銀行化論」はある程度実現可能性がある提案だった……144
5. 「われわれはこの制度でやっていける」と啖呵《たんか》を切ったことの重み……146
コラム⑤ 「小零細企業の数は減っていくのか」論争……147

第12講 1970年代以降における「信金らしさ」の追求
——「地域密着型」業務推進と「融資政策」の模索——……150
1. 「信用金庫が〝抹殺〟されかけた」トラウマをバネに業界が一層結束……150
2. 「より『信用金庫らしく』なろう」という模索……153
3. 「地域密着型」の「地域金融機関」という自覚の形成……155
4. 「狭域高密度」型の営業と「融資政策」の確立で融資基盤を固める……157
5. 第2部（信用金庫の戦後史）の結び……159

第3部 しんくみの戦後史——そのルーツ、あゆみ、〝事件〟——……163

第13講 枝分かれした信用金庫としんくみ
——1949年協同組合法が生んだ多様な組織からなる業態——……164
1. 実質的に戦後派のしんくみ業態……164

2. 金融機関より協同組合が合うタイプの旧信用組合はしんくみにとどまった……166
3. 1949年協同組合法は「時代錯誤的」ではなかった……168
4. 「相互扶助」の協同組合精神……171

第14講 押し寄せる小零細事業者の資金ニーズとしんくみ
——地域型しんくみの簇生《そうせい》と若いしんくみの奮闘——……174
1. 復興期の小零細企業の金融ニーズに応じるべく急増した地域型しんくみ……174
2. 「信用金庫の網の目から脱落する」小零細事業者の資金ニーズが押し寄せた……176
3. 押し寄せた小零細事業者の資金ニーズに応えるための資金集めの苦労……177
4. 民族系しんくみの各都道府県での設立……181

第15講 地域型しんくみをめぐる信金業態との「棲《す》み分け」問題
——そして信金とかぶらない業域型・職域型しんくみの存在——……186
1. 地域型しんくみを問題視する信金業界との金制調での「公式論戦」……186
2. 「どうしても信用組合程度の［借り手の］面倒を見る金融機関がなければならない」……189
3. 業域型・職域型しんくみに実際にあった「協同体的特質」……191

第16講 金融効率化行政のもと生き残り策を迫られる地域型しんくみ
——吸収合併の「草刈場」を脱するための員外預金解禁と同種合併—— ……198
1. 「信用組合として相扶《たす》け相携《たずさ》えて発展する」業界トップ渾《こん》身の訴え ……198
2. しんくみに降りかかってきた銀行・相銀・信金からの競争圧力 ……200
3. 「員外預金制限緩和」要求の実現 ……203
4. 県の担当部局のリーダーシップによる「同種合併」の活発化 ……205
コラム⑥ 平成金融危機で廃止された「都道府県によるしんくみ監督」 ……207
第17講 「コミュニティバンク」を目指す地域型しんくみ
——地域型しんくみの生き残り努力と業域・職域組合の安定性—— ……210
1. 員外預金の規制緩和に始まり業態間の競争激化が加速させた「金融機関主義」 ……210
2. 「原点主義」と「生き残り戦略」の模索が生み出した「コミュニティバンク」路線 ……212
3. 業界内外の「規模格差」問題とコンピュータ化の遅れの懸命の挽回 ……214
4. 「相互扶助」精神がなおも息づいていた業域型・職域型しんくみの組織存続力 ……216
コラム⑦ バブル期の地域型しんくみの「派手に踊ったイメージ」について ……218

第4部　相互銀行の前史と戦後史――そのルーツ、あゆみ、〝事件〟――……223

第18講　庶民金融の本流、「困ったときはお互い様」に根を持っていた戦前の無尽講
――村の「共同体無尽」から「無尽会社」――……224
1．中世から戦前まで続いた無尽講――「困ったときはお互い様」の心に金融的・社会的ルールをセットした上手《うま》い仕組み……224
2．顧客が講員となる講会の円滑な運営を「本業」とした無尽会社……227
3．都市部で薄らいでいった「無尽講は賢明で有利な金融方式」という「常識」……228
4．「未収・欠口」問題の深まりと「団」廃止論の登場……229
5．地方の営業無尽の世話役が語る「無尽の妙味」と金融商品としてのユニークさ……231
コラム⑧　今も続いている「無尽講」的な集まり……233

第19講　相互銀行業態の発足と「相互掛金」の退潮
――「庶民のための独自商品」という業態の基本軸の揺らぎ――……236
1．大蔵省は新発足の相銀業態に庶民金融機関の筆頭格を期待……236
2．10年と続かなかった相互掛金の「主力業務」としての地位……239
3．金利計算方法の改善も相互掛金の挽回につながらず……242

4. 「庶民のための独自商品あってこその相銀」という自覚と「イチワリ貯金」……243

第20講 「取引層のレベルアップ」と普銀との同質化の始まり
――融資基盤の再構築に立ちはだかる「メイン行」都・地銀――……248
1. 掛金業務のウェイト低下にあわせ小零細取引先を「選別（リストラ）」……248
2. 「取引層のレベルアップ」は成ったが収益性は信金業態よりも劣後……252
3. 「メイン行」の地位が取れないことが低収益性につながった……253
4. 融資額の業種別構成に見る融資基盤の不安定性……255
5. 小口も含め「従来のメイン先」を大事にし続けた相銀諸行の存在……256

第21講 合併・転換法のもと「抜け駆け普銀化」にざわつく相銀業界
――〝普銀化〟志向の高まりと疎《おろそ》かになる業界の体質改善策――……260
1. 1968年合併・転換法が可能にした大手・有力相銀の「抜け駆け普銀化」……260
2. 「イメージ調査」から「〝相互〟のイメージ悪玉論」へ……263
3. 問題の本質は相銀業界人自身の「ネガティブな自己意識」と企業融資面の苦境……265
4. 体質改善策の議論が「〝相互〟名称削除運動」の陰に隠れてしまった1970年代後半……268

第22講　「普銀化」の「ゴーサイン」が転がり込んだ相銀業界
――外圧による「金融自由化」の追い風と「ビジョン」の不足――……272
1．わずか4年で「満額回答」が出た昭和終期の「普銀一斉転換運動」……272
2．米国発の「金融自由化の奔《ほん》流」が可能にした「普銀一斉転換」要望……274
3．四島会長の「相銀制度改革ビジョン」……275
4．「役割消滅論」は「実に情けない敗北主義」か、それとも現実直視か？……278
5．融資対象の「専門分野」の撤廃に伴う「貸出資産の劣化リスク」の軽視……281
6．メイン先中小企業群の大切さを意識し続けた旧相銀が生き残ることができた
――第4部（相互銀行史）の結びとして……283

終講　「庶民金融機関のこころ」
――「どうにか貸せるようにしたい」との気持ちで借入れ希望者と向き合う――……286
1．庶民への「本心からの金融」など、この世にあるのか？……286
2．戦後の信金・信組・相銀制度に「装着」された中小企業融資からブレない姿勢……288
3．協同組織の組合員・会員が持つ「融資期待権」に応えようとしたしんくみ・信金……289
4．「初心回帰」の姿勢で取り組んだ1970年代信金業界の「信金らしさ」追求……290
5．1970年代の信金業界に芽吹《めぶ》いた「日本〝固有種〟のリレバン」……292

6．相銀業界では業態理念の失速にもかかわらず持ち味ある銀行が輩出した……295
むすび……297
簡略表示した業界年史等の一覧……300
ベースとなった筆者の論文など……302

図表の一覧

図表1　庶民金融機関の「戦後改革」による変化……44
図表2　高度成長期の経済諸指標の推移……61
図表3　「借り手の二重構造」を示す都市銀行貸出金の増減額の推移……64
図表4　金融業態別中小企業向け融資残高・シェアの推移……66
図表5　合併・転換法後の3業態の合併・転換の推移……76
ワンポイント図解――「取引振り」と「実質金利」……79
図表6　都市銀行の中小企業向け貸出残高シェアの推移……80
図表7　都銀・地銀・相銀・信金業態の中小企業貸出先数および1先当り貸出残高の推移……81
図表8　銀行業務のコンピュータ化と「大衆向け」商品・サービスの登場……85
図表9　商業地公示地価の変動率の推移……93
図表10　金利自由化の推移……95

図表11　信用金庫・信用組合に関係した諸組合制度の変遷図……106
ワンポイント図解──「預金取扱い」の有無により金融機関は二つに大別される……111
図表12　大蔵省が考えた「新業態法」の必要性の「協同組合法的」な説明……119
図表13　中小企業向け融資残高シェアの推移①……130
図表14　1955年と1965年の金融機関数・店舗数……132
図表15　地銀・相銀・信金の各業態内の規模分布……133
図表16　「信金銀行化論」が金制調の場にのぼった政策的・政治経済的な背景……145
図表17　平成末時点の146しんくみの創業年……165
図表18　1951年の信用金庫法を受けての各種しんくみの「選択」……167
図表19　信用組合数ならびに業界集計データの推移……175
図表20　民族系しんくみの新設一覧……183
図表21　地域型・業域型・職域型・民族系各タイプの集計計数……189
図表22　信組・信金・相銀の金融機関諸指標……202
図表23　「信用組合＝コミュニティバンク」の業界ロゴマーク……213
図表24　地域金融機関間の規模格差……215
図表25　無尽講の仕組み……225
図表26　1935年頃の大都市近郊の無尽会社の宣伝パンフ……229
図表27　相互銀行の資金量・融資量中の相互掛金の比重の推移……239

図表28　相銀業態の金額別融資残高構成の推移……249
図表29　金融4業態（都銀～信金）の利鞘《ざや》の比較……252
図表30　相銀業態の融資量業種別構成の推移……256
図表31　「普銀化」に揺れ続けた相銀業界の略年表……261
図表32　相互銀行の「〝相互〟名称削除運動」の心理的起因の図式化……266
図表33　中小企業向け融資残高シェアの推移②……279

略称の一覧

合併・転換法…金融機関の合併・転換に関する法律（1968年）
協同組合法…中小企業等協同組合法（1949年…戦後の信用組合の業態根拠法）
金制調…金融制度調査会（金融制度改善関連の重要事項を調査・審議する大蔵大臣諮問機関）
全銀協…全国銀行協会連合会（普通銀行の中央組織［実質的には都銀が主導］）
全信協…全国信用金庫協会（信用金庫業界の中央組織）
全信組連…全国信用協同組合連合会（信用組合業界の中央金融機関）
全信中協…全国信用協同組合中央協会（信用組合業界の中央組織）
相銀協…全国相互銀行協会（相互銀行業界の中央組織）
地銀協…全国地方銀行協会（地方銀行業界の中央組織）
普銀…普通銀行（「銀行法」を根拠法とする都市銀行・地方銀行）

はじめに

バブル経済直前に新入り融資係員に

　ちょうど40年前（1984年）、筆者は大阪市内の銀行（大和銀行〔現りそな銀行〕）の一支店で、金融マン生活を始めました。昭和で言えば59年、平成まであと5年という頃でした。翌1985年秋にはプラザ合意で円高旋風が巻き起こり、後代の評価ではバブル景気の発端です。しかし当時の実感としては1986年前半までは「円高不況」のなか、駆け出しの融資係員として「本部から電話で叱られないように」と、苦心して融資案件の稟《りん》議書を書き続けたことを覚えています。

　変化の気配を感じたのは1986年の夏頃、融資係でも「土地活用」案件（ペンシルビルの建設資金）や「財テク」案件（株式運用資金）が相談係員から持ち込まれるようになり、お隣の預金係では土地売却による億単位の「大口定期」証書が見受けられるようになりました。そして自分が手慣れてきたのか、それとも銀行・支店の姿勢が積極化したのか、稟議書で叱られることも減っていきました。

　以上の「一か店目」経験は、今にして思えば、本書「第7講」で述べる都銀の「下方攻勢」（相銀・信金などの中小企業取引先の奪取）の一コマでもあったのでしょう。しかし、当時は目の前の融資案件の山――「〝未処理〟箱」に文字どおり山積み――を懸命に片付けること、それ以上は深く考えられませんでした。

巨額損失事件を機にコミュニティ・バンク研究者に

結局、この「一か店目」には4年余り勤務したのち、筆者は銀行の「国際化対応」の一環で海外トレーニー（派遣留学）を命ぜられ、1990年に帰ってきて、バブル景気にわく大阪の本部勤務となりました。その5年余り後、下記のような大変な状況に遭遇するなど、予感すべくもなく……。

この記事（米「ビジネス・ウィーク」誌、1995・11・27）を、終電に近い通勤電車の中で目にした当時、私は、ニューヨーク支店での巨額損失事件の衝撃に揺れ、住友銀行との合併へと傾いていた大和銀行の一行員であった。『大阪圏』という、大きいが個性的で一体感のある地域に相応しい、大きな地元銀行が一つぐらいあってもいいではないか」と、それなりに「うちの銀行」を誇りに思っていた筆者には、「住友銀行への実質吸収合併」という方向はショックであった（同行も三和銀行も実質的には東京が本拠地）。動機は他にもいろいろあったが、ホランド記者のように、単純明快な金融サービスで、地域に根ざした銀行が今なお栄えられるのか考えてみたいと思う気持ちが強くなり、2カ月後、筆者は銀行を辞した。（由里［2000］、『米国のコミュニティ銀行』、「はしがき」）

この「人生の大転機」となったホランド記者の記事の題名は“It's a Wonderful Bank”（それはそれは、素晴らしい銀行だ）で、米国人なら知らない人は珍しい“It's a Wonderful Life”（邦題「素晴らしき哉、人生！」）という映画から取られています。1946年の同映画は「ベイリー住宅貸付組合」という大変小さな金融機関を舞台に、「コミュニティ・バンカー」の主人公（演じるのは名優ジミー・ステュアート）とその家族、そしてそれを囲む地域（コミュニティ）の、人と人とのつながり合いの素晴らしさ——彼（女）ら自身ともすれば気付かずに過ごしていた——を謳《うた》いあげた名作です。

この記事との出会い、そして1年半後にアメリカの図書館で見たこの映画自体との出会いが決定打となり、筆者はその後30年近く、ほぼもっぱら米国のコミュニティ銀行、日本の信用金庫・信用組合、次いで（旧）相互銀行（現在の第二地銀）の研究にいそしんできました。それらの中小金融機関おのおのに、「素晴らしさ」（または「素晴らしくなれる」ポテンシャル）を見出すことを喜びとしながら。

日米の「コミュニティ・バンク」の研究をする間には、望外にも、二度と戻れまいと思っていた金融機関の世界に、信用金庫の外部役員として戻ることもできました（瀬戸信用金庫の員外監事、2005〜2010年）。また、旧大和銀行の支店・本部勤務時代の知己の方々、昭和59年入行の同期の仲間とのつながりも思いのほか途切れず、その同期会は有難い「金融マンとしての故郷」になっています。

瀬戸信用金庫のほうも、2019年に中京大学を早期退職し大阪公立大学の客員になってからも「現旧役員懇親会」には必ずお招きいただき、これもまた「故郷」の一つになっています。また信用金庫の中央組織である全国信用金庫協会とも、「理念研修」の講師役や中堅職員教育テキストの執筆等、種々の交流が続いてきました。

また、信用組合の全国機関誌『しんくみ』編集部からは、筆者の大学セミリタイアを「待ってました」とばかりに「昭和期しんくみのルーツとあゆみ」長期連載のお声がけを頂戴しました。隔月連載のペースですでに丸5年、連載の回数も三十数回になり、同編集部のある全国信用組合中央協会の役職員諸兄姉とは、セミリタイア前よりもむしろ濃い交流があります。

以上のような数々の出会い・交流を通じ、金融研究者以前に一個人として、「自分はやっぱり金融機関の人たち——信金・信組から都銀まで——が好きなのだな」ということが、繰り返し頭をかすめます。

そのような気持ち、そして実際に信用金庫・信用組合の広報・教育活動にも関わらせていただいてきた経験から、本書は第一には、信用金庫と信用組合、そして望むらくは相互銀行の後継業態である第二地銀の役職員の方々の手にとっていただけるように、との思いで書き進めました。

「庶民金融機関」のルーツと変遷

先に「中小金融機関おのおのに、『素晴らしさ』（または『素晴らしくなれる』ポテンシャル）が見出されていくことを楽しみ」に研究にいそしんできた、と書きました。筆者の思うところ、信用金庫・信用組合・相互銀行（現第二地銀）ともに、その「素晴らしさ」の根っこは、昭和戦後期までに培《つちか》われた「業態理念」（同類の金融機関［業態］として意識し目指すべき「あるべき姿」）にあります。

戦前にさかのぼれば、信用金庫・信用組合はともに「信用組合」、また相互銀行は「無尽《むじん》会社」であり、いずれも「庶民金融」を担っていました。「第1講」で解説しますが、戦前においては大企業や「有産階級」以外の中小企業・一般個人にとり銀行の敷居は相当に高く、特に融資では相手にしてもらいにくい状況でした。信用組合や無尽会社は明治期以来、そのような「金融的弱者」のための金融機関として設立され――多くは「金融的弱者」たち自身が少ない資金を持ち寄って――、恐慌や戦時にもへこたれず育ってきた「庶民金融機関」だったのです。

戦後間もなくの復興期、それらの金融機関には融資を求める中小企業が押し寄せました。

政府・大蔵省も「中小企業（専門）金融機関」の役割を期待し、1950年前後の金融制度改革で戦前の信用組合は「信用金庫」と「信用組合」に分かれ、また無尽会社は「相互銀行」になりました。「庶民金融機関」の記憶を共有するそれら3つの金融業態は、「銀行と違い、自分たちはもっぱら中小企業・『国民大衆』（『庶民』の語の戦後の言い換え）のための金融を行おう」ということを「あるべき姿」・モットーに、戦後の発展期を迎えたのです。

しかし、40年余りという長さの昭和戦後期も後半に入った1970年代、「普通銀行」（都市銀行・地方銀行）も中小企業・国民大衆を進んで相手にするようになっていきました（コンピュータ化が可能にした「銀行の大衆化」）。銀行の「下方攻勢」に押されるなか、信用金庫・信用組合・相互銀行の3業態、また同じ業態内でも個別金融機関によって、「もっぱら中小企業・国民大衆のための金融を行おう」とする姿勢を堅持するのか、それとも業務の幅を他に拡げる（より大きな企業との取引や地域拡張など）のか、温度差が広がっていきました。

昭和戦後期は1989年はじめに幕を降ろしましたが、それとほぼ同時に相互銀行という金融業態は幕を降ろし、「普通銀行」の一種である「第二地銀」業態に転換しました。その頃はバブル経済真っ只中で、業態としては存続した信用金庫・信用組合の中にも、経営の舵取りを誤る金庫・組合が散見されるようになりました。

本書がカバーするのはこの時期までですが、振り返れば、バブル経済に差し掛かる以前の

1980年代前半までに「もっぱら中小企業・国民大衆のための金融を行おう」とする姿勢・理念を固め、顧客基盤を築いていた業態や個々の金融機関（それは旧相互銀行にも多数ありました）は、1980年代終わりから1990年頃にかけてのバブル経済に揺らぐ度合いも相対的に少なかったように見受けられます。その結果、それら金融機関の多くが1990年代後半の金融危機の時期を乗り越えることができたのでした。

本書の想定読者層について

前述のとおり、本書は第一には、信用金庫と信用組合、そして望むらくは相互銀行の後継業態である第二地銀の役職員の方々の手にとっていただけるように、との思いで書き進めました。本書は金融機関史のなかでも「理念の移り変わり（または理念の堅持）」にウェイトを置いています。理念を考え抜き実践しようと努めるか否かは「金融機関としての経営」や「支店の運営」、さらには「融資の可否の判断」などにも影響します。一見「ノウハウ本」とは対極のこの本ですが、経営・業務のヒントを得たいという役職員の方々にも手にとっていただければ幸いです。

本書のベースには、はじめに書いたように筆者自身が社会人生活をスタートした銀行業界に対する思い入れもあります。特に、第1部「戦後金融史のポイント」や、ところどころに付された「コラム」は、銀行をはじめ幅広い金融関係者に読んでいただきたいセクション・

読み物です。

加えて、信用金庫・信用組合・第二地銀と取引があり、「交渉相手のことを知りたい」中小企業・個人の方々にも、この本は役立つのではないかと思います。組織のあり方、仕事の仕方をきちんと考えようとしている金融機関・役職員ならば、自らの組織がたどってきた歩み、大切にしてきた理念・モットーなどを踏まえようとするものです。本書は「ノウハウ本」ではなくて「漢方薬」的な本ですが、中小企業・個人にとって、交渉先の金庫・組合・銀行の昭和戦後の歩みを知っておくことは、対話の円滑剤やスパイスになるのではないでしょうか。

加えて、「金融本好き」・「昭和史好き」の幅広い一般読者の方々にも手にとっていただければ幸いです。そして（最後に挙げて恐縮ですが）金融機関論・金融史を学び研究される学生・院生・研究者の方々も、もちろん重要な読者層と考えています。

本書の読み進め方について

「想定読者層」のセクションで述べた信用金庫・信用組合・第二地銀にお勤めの方々をはじめ、本書を手に取られる読者の少なからずは信用金庫（本書第2部）・信用組合（同第3部）・相互銀行（同第4部）のいずれかの歴史に特に強いご関心をお持ちのことでしょう。その場合でも、本書の第1講「イントロダクション」、次いで第1部の「戦後金融史のポイント」を走り読みされ、ないしはタイトル・図表に目をやるだけでも結構ですから、あらかじめページをパラパラめくっておいていただければ、というのが筆者としての「おすすめ」です。

「個々の金融業態の歴史は金融史全体の流れのなかで進んできた」というのがその「おすすめ」の第一の理由で、実際、第2部・第3部・第4部のいずれも、かなり頻繁に第1部の第2〜第7講の内容や図表に言及しています。また第二の理由として、本全体のスペースの有効利用のため、一つの出来事の説明の繰り返しを極力避けたり、掲載図表を厳選した結果、読者に他の部、他の講の内容・図表の参照をお願いしている箇所も多くなっています。

読者の便宜のため、巻頭の「目次」セクションには**「図表の一覧」**も掲載頁《ページ》付きで載せていますが、前述のようにあらかじめ第1部に目を通しておいていただくことで、ずいぶんクロス参照が容易になるのでは、と思う次第です。ついでに申せば、第2部・第3部・第4部の相互の間にもクロス参照をお願いしている箇所は少なからずあり、筆者としては、それをきっかけに、「お隣（ライバル？）の金融業態」の歴史にも是非関心・造詣を深めてもらえれば、と願っています。

最後に、本書はなるべく気軽に手に取りやすい構成、読み進めやすい文章を心がけたため、注記（参照文献）は極力少なめにとどめました。そして「深掘り」してみたい読者や研究者の方々には、巻末の**「ベースとなった筆者の論文など」**をご参照いただければと願っています（拙論のインターネットでの閲覧方法も同所で案内しています）。

謝　辞

研究書の通例ならば、ここで多数の学恩、研究者コミュニティへの感謝を綴るべきところですが、「一般書」（知識普及書）の性格上、それは個々に本書をお届けする際、パーソナルに伝えさせていただくことでお許しを乞いたいと思います。

また本書は、研究者コミュニティと同程度に、筆者が社会人生活を通じてお世話になってきた金融関係者の方々のご恩義に負っています。それら金融（業界）組織の名はこの「はじめに」の前半で述べられていますから、これも紙幅の関係上ここで繰り返しません。それでも、本書を書きながら「40年のキャリアを通じ『社会人』としての故郷はやはり金融業界なのかな」と感じたこと、そして深い感謝の念を込めて本書をお届けしたい金融関係の方々の数は、先の研究者コミュニティの謹呈先よりも多いことだけは、ここに感謝を込めて記させていただきます。

本書の出版は、筆者が約20年来「助言役」を仰せつかってきた愛知中小企業家同友会金融委員会におけるご縁により、三恵社の木俣哲也会長のご快諾をいただいて可能になりました。筆者はすでにセミリタイアの身であり、大学関係のファンド補助なしで出版をお引き受けいただけたことについては、感謝のしようもありません。また同社にて拙著の担当役となっていただいた林良和氏には、「手に取ってもらいやすい本」（価格面を含め）のアドバイスからテクニカルな活字組みや頁数のメドに至るまで始終的確にご支援いただけたことにつき、深謝申し上げます。

第1講　イントロダクション

庶民金融機関とは？　そして「庶民金融のこころ」とは？

1.「庶民」とは

手元の『広辞苑』（第6版［2008］、岩波書店）で**「庶民」**という語を引くと、「①もろもろの民。人民。②貴族などに対し、なみの人々。世間一般の人々。平民。大衆」とあります。

「これでは漠然過ぎる」と、（一応学者なので）社会学系を中心にいろんな専門用語事典にあたったり本・論文の題名検索を掛けたりしましたが、なかなか「学問的定義」に行き着けません。ようやく一つたどり着けた『現代社会学事典』［2012］の「庶民」の項目には、以下のように書かれていました。(1)

貴族に対しての平民身分をさすが、職業などは限定されておらず、一般の民衆、普通の人々を広くさす。（中略）昭和13（1938）年に公布された庶民金庫法という立法の名称や、実態としての庶民金融の発展などは、庶民の語の流布に一役をかっただろう。（中略）［社会学系統の］現状では、特別な権威や権力をもたない非エリートの一般の人々という日常語以上の固有の意義も意味も創りだされていない。（傍線は追加）

傍線部分が示唆するのは、社会学（関連）の研究史を見渡しても「庶民」そのものを論じたものは稀《まれ》で、ただ「庶民金融」関連の論考だけが、珍しく「庶民」をキーワードとして何事か――具体的には次に述べるように「金融問題」――を考えようとした、ということです。

2.「庶民階級」の「金融問題」と「庶民金融機関」

そこで次に、昭和前半における代表的な「庶民金融」論者であった井関孝雄の本をひも解いてみましょう。(2)

> 近ごろの中小商工業者、農民、サラリーマン、小売商人等の金融は実際極度に行き詰まっている。…日本の現在では…無産階級の人々が担保なくて簡単に金を借り入れる方法は質屋か、高利貸しを利用するよりほか便利な方法がない。しかし質屋はちょっと体裁が悪いし、また担保物がなくては金を貸してくれないし、貸してくれても商売の資本《もとで》

になるほどの金は貸してくれない。（中略）しからばこのほかに日本には庶民階級の金融機関というものが全然ないかといえばそうでない。ただこれらの便利な紹介が少ないだけである。（傍線は追加）

（本書では、右の文など現代式表記になりきっていない時期の文章や、表記法の不統一が時々見られる座談会録などを掲載・引用する場合など、漢字・送り仮名などにつき現代式の標準的な表記に置き換え、適宜振り仮名も付すようにしました）

この文からも、傍線を引いた「中小商工業者、農民、サラリーマン…」などが井関の考える「庶民階級」であったらしいということが分かります。さらに、戦後間もなく井関が学位論文をベースに著《あらわ》した書によれば、井関は「まともな（すなわち庶民を食い物にしない）庶民金融」について、次のように整理して考えていました。(3)

【庶民階級とは】 ①事業を営んでいても資本力が薄弱で、自身もそこで働かねばならない者
②自身が事業の主たる働き手である者
③雇われている勤労者

【庶民金融とは】 その庶民が貸付によって経済的没落を免れ、貸付によって現在または将来の返済力を得ることができる、そのような貸付

井関孝雄自身、「まともな庶民金融」を十分行うには民間の(すなわち独立採算で成り立つ)金融機関だけでは足りないと考え、大蔵省の「庶民金庫」設立構想に協力します。1938年設立のこの庶民金庫(戦後の国民金融公庫)は、筆者の知る限り「庶民」を名称に冠した初の大きな金融組織であり、本講の1.の『現代社会学事典』の記述のとおり「庶民」の語が日本社会でより用いられるようになることにも貢献したかも知れません。

井関は他方、民間の営みでは特に無尽講による庶民間相互金融の仕組みを高く評価し、**庶民金融機関**としては質屋・高利貸しよりも**無尽会社・(市街地)信用組合**の利用を勧めました。

3. 戦後「国民大衆」のための「中小企業金融機関」に

1945年8月後半以降、敗戦国かつ被占領国(マッカーサー率いるGHQ指揮下)となった日本では、元々資金不足気味であった庶民金融機関の資金需給はさらに逼迫《ひっぱく》しました。GHQが促した戦後改革の波は庶民金融機関の制度面にも及びましたが、戦災からの産業復興が危急であったなか、中小企業(自営業者を含む)向けの信用供与に特に重点を置いて金融機関の制度改革・制度新設が進められました。

次の第2講で説明するように、民間の庶民金融機関の代表選手であった(市街地)信用組合と無尽会社は、戦後は**信用金庫・信用組合・相互銀行**の3種類（金融行政用語では**「業態」**）の金融機関として再出発します。そして金融制度を論ずる場合の用語として、それら3業態の金融機関は**「中小企業（専門）金融機関」**と呼ばれるようになり、また「庶民」は**「国民大衆」**と言い換えられるようになりました。

1951年6月に相次いで制定された「相互銀行法」と「信用金庫法」の各第1条は、「この法律は、国民大衆のために金融の円滑を図り、その貯蓄の増強に資するため」と、まったく同じ書き出しで始まっています。相互銀行も信用金庫も「国民大衆のため」の金融機関である、ということですが、大蔵省の当時の担当官が「国民大衆の語は…庶民階級と同じ意義をもつものと考えることができる」と記していることから[4]、大蔵省も相銀・信金に（戦前の用語で言えば）「庶民金融機関」の役割を期待していたことが分かります。

4. 戦後も続いた「庶民金融」の心意気

そのような用語の変化にもかかわらず、元々「庶民金融機関」であった3業態※、信用金庫・信用組合・相互銀行各業界※の業界人士たちの発言では、昭和の終わり頃まで「庶民」・「（国民）大衆」という言い方は、同じ意味で用いられてきたように見受けられます。

※本書は「研究書ではなく一般書」を心がけているので、「言葉の定義」はなるべく少なくしたい

のですが、「業態」と「業界」とは使い分けたいと思います（読者のご理解の助けになると思います）。**「業態」**の語は、金融監督当局ないしは金融制度の視点で金融機関をその従事する業務や組織的性格から類別した「金融機関の種別」を指します。また**「業界」**とは、金融機関主体の視点でみた同種金融機関の集合体およびその中央組織（たとえば全国信用金庫協会）のことを指します。

特に、組織形態が株式会社ではなく協同組織である信用金庫・信用組合においては、元々協同組織が「経済的弱者同士が協力し合うため」という組織目的をもつことから、「金融面で不遇をかこつ事業者や人々のため」という戦前と連続性をもった「庶民金融」の精神が保たれました。戦後昭和期の信用金庫業界の代表的リーダーといえる小原鐵《てつ》五郎の次の言葉が、戦後も息づいていた「庶民金融」の心意気をよく表しています(5)。

もともと、庶民金融は、担保が十分あるから貸そう、利息も元金も取りはぐれがなさそうだから貸そう、というものではないはずである。その人が手がけようとしている仕事がうまくいくかいかないか、どうすればうまくいくかを、相手の身になって親切に考えて、その上でおカネを貸すようにしなければ、ほんとうの金融にはならない。

考えてみて、どうもまずいと思った時には、どんなにいい担保があっても、「これは、おやめになったらどうです」と説得する。反対に、今おカネを貸してあげたら、その人は将来きっと成功すると見きわめがついたら、担保が不足していても貸してあげる。そういうことができるのが信用金庫の真骨頂なのである。

5.「大衆と倶《とも》に永久《とわ》に栄えん」

それでは、株式会社形態で、平均的規模も信金・信組より大きかった相互銀行はどうであったかというと、確かに同業界では、「中小企業（専門）金融機関」の制度的位置づけ、特にそれに伴う金融法制的な縛り（大企業貸出の規制など）に対する緩和要求が強く、「銀行志向」の発言も目立ちました。しかしその相銀業界においても、折《おり》にふれて「原点を思いだそう」との訴えがなされ、その際には「庶民」・「（国民）大衆」といった言葉が用いられてきました。

次に引用するのは1970年代半ば、「消費者運動」が盛り上がるなか『社会的不公正是正』がテーマの国会集中審議が開かれ、「大企業・金持ち優遇の銀行」も批判の矢面《やおもて》に立たされた頃の相銀業界人の匿名意見です。

消費者の銀行批判に対しては素直に耳を傾けることはもちろんのこと、要は窓口における具体的実行が肝要なのである。…相銀は大銀行のような生まれ育ちではなく、相互扶助の庶民金融機関である。（中略）いたずらに強大な先進銀行の映像を追うことなく、相銀の特殊性をいかに発揮するか、再度、原点に立ち返り、中小企業や大衆と共に暖かく誠実にそして堅実に歩むよう心掛けるべきだ。（傍線は追加）

『金融財政事情』誌（1975年3月3日）の「視角（相互銀行）」欄に載せられたこの匿名意見には「みちのく」というペンネームが付されていて、ひょっとすると弘前相互銀行の経営陣の投稿では、とも思われます。同行は同じ青森県内の青和銀行を実質救済合併した関係で1976年みちのく銀行（地方銀行）になるのですが、**「大衆と倶《とも》に永久《とわ》に栄えん」**という言葉を行是に掲げ、それはみちのく銀行になってからも同行のモットーであり続けています。(6)

同行も2024年度中をめどに青森銀行と合併するため、この行是も消えゆくかも知れません。しかし、『庶民金融機関の戦後史』を書いた筆者として、「庶民金融機関3業態に共通する理念・信条のようなものがあったのか」と自問した場合、「大衆と倶《とも》に永久《とわ》に栄えん」というモットーが、その第一の候補として頭の中に浮かびます。

筆者なりに言い換えると、このモットーは「大衆こそ栄え続けるべきであり、当行はその大衆の将来を信じ大衆への金融サービスに専心し、それにより当行も栄え続けるであろう」という理念・信条です。もちろん業界ごと、個々の金融機関ごとに表現の仕方は違っていたでしょうが、これこそ相銀・信金・信組共通の、いわば**「庶民金融のこころ」**であったように思われます。

コラム①　昭和戦後の「マル優」と令和の「NISA」

本書では折にふれ「コラム」のかたちで、昭和戦後期の、庶民金融3業態に限らない金融業界の「こぼれ話」――今の出来事との関連でも考えさせられるような――を紹介していこうと思います。

初回①のテーマは、金融商品に関する国の非課税優遇制度です。2024年から**「NISA《ニーサ》」**制度が拡充され、毎年最大360万円、生涯最大1800万円までの投資優遇税制が実施されています。国民の「年金だけでは足りない」という老後不安にこたえ、投資（株式等と投資信託）で老後資金を確保してもらおうという政府の政策（岸田内閣「資産所得倍増プラン」）です。

昭和戦後期にも、資産形成促進のための非課税制度がありました。「少額貯蓄非課税制度」、通称**「マル優」**で、その名のとおり投資ではなく貯蓄を優遇対象に、1963年に上限50万円で開始されました。インフレなどを受けて徐々に限度額が上がり「マル優」自体も数種類になり、1973年12月以降は①預貯金等の「マル優」、②国債等の「特別マル優」、③郵便貯金の3種、計900万円まで非課税優遇が受けられるようになりました。そのほか、勤労者には年金・住宅財形貯蓄（1972年制度開始）に500万円までの非課税優遇措置があったので、結局、昭和戦後の後半期には勤労者一人につき1400万円の非課税優遇があり、[7] 令和と当時の物価の差を勘案すれば、今と遜色のない優遇上限額だったと言えます（昭和最末期の1988年、国の財政再建策の一環で国民一般が利用できる「マル優」制度はなくなりました）。

当時と今とで大きく違うのは、単純明快・安全安心な預貯金（プラス国内公社債という低リスク投資）を優遇する「マル優」が、投資（それも株式・外国ものというハイリスク型に偏った）を優遇する「NISA」に置き換わり、「老後に備えるには投資リスクを背負ってね」と政府が宣伝する世の中になったことです。

小生自身、銀行本部時代に証券アナリスト資格を取り、自身も30年近くの投資経験がありますので、投資のリスクを取ることでリターン（高めの収益率）も得られる傾向があることは承知しています。しかし株式投資では、通算リターンが安定的にプラス圏内で推移するまでに5年、10年といった長期継続投資が往々にして必要で、その状態が実現するまでの相場変動に心さわぐことなく過ごせるのは、かなり少数派ではないでしょうか。[8]

もちろん、投資リスクを背負いたくなければコツコツ預貯金を増やすという方法があります。その方法を取る国民――大多数の、特に「庶民」はそうでしょう――に対し政策的配慮をしたのが昭和戦後の政府で、冷淡なのが今の政府と言えましょう。

「庶民金融」の血を（少なくとも「熱い」部類の人々は）引いているはずの信金・信組の業界人なら、何か吠《ほ》えてくれないかなぁ、と筆者が思っていたところ、やはり（！）、『信用金庫』誌（2024年3月）「論壇」に次のようなペンネーム〝愛鉄馬〟氏の訴えが載りました。

「貯蓄から投資へ」というキャッチフレーズに、貯蓄は愚かで投資は賢いというニュアンスを感じるのは私だけであろうか。コツコツ貯める貯蓄行為は、決して愚かなものではないことは自明であるが、リスク志向がそれほど高くない家計にとって、元本保証のある安全・安心な預金が家計の金融資産の中心を占めることは必要かつ重要なことだと思う。（中略）せめて、キャッチフレーズは…「貯蓄も投資も」に変更してほしいものだ。

前述のように「マル優」はほぼ昭和とともに幕を降ろしたのですが、その廃止論に強く異を唱えたのも信金業界人でした。廃止論者が「国民一世帯の平均貯蓄額はすでに6百万円近く、国民は十分資産持ちである」と言ったのに対し、巣鴨信金の田村富美夫理事長は「中位世帯の貯蓄額は3百万円台でマル優はまだまだ必要だ」と、金融資産データでは平均値が跳ね上がりがちという統計のクセも指摘し、「庶民」目線で反論しました。(9)

田村理事長の言葉にも先の〝愛鉄馬〟氏の言葉にも、第1講の終わりで紹介した「大衆と倶《とも》に永《と》久《わ》に栄えん」という「庶民金融のこころ」が息づいているように思われます。

（1）大澤真幸・吉見俊哉・鷲田誠一（編）［2012］、『現代社会学事典』、弘文堂
（2）井関孝雄［1931］、『庶民金融の実際知識』、春陽堂
（3）井関孝雄［1950］、『中小金融の体系』、巌松堂書店、18頁
（4）青山保光［1953］、「相互銀行と国民大衆」、『相互銀行』、1953年3月
（5）小原鐵五郎［1983］、『貸すも親切 貸さぬも親切』、東洋経済新報社、51頁
（6）福原則昭［1980］、「倶大衆永久栄」（支店長はいま…）、『金融財政事情』、1980年11月3日、みちのく銀行ホームページ「企業理念・プロフィール」(https://www.michinokubank.co.jp/about/company/gaiyo/profile.html)、および佐藤正忠［1980］、『人生太く永く：みちのく銀行唐牛敏世の九十九年』経済界、231－232頁
（7）林宏昭・橋本恭之［1999］、「高齢者マル優の廃止と利子所得の総合課税化について」、『経済論集』（関西大学）、第49巻3号
（8）由里宗之・白岩千幸・陣場隆［2008］、『ポスト団塊世代の資産運用』（特に1～2章と9章コラム③）、金融財政事情研究会
（9）田村富美夫［1983］、「マル優廃止論に想う」（時論）、『金融財政事情』、1983年3月7日

【補記1】本書全体を通じ、金融用語全般に関し適宜《てきぎ》下記辞典を参照しました。

吉原省三・貝塚啓明・蠟山昌一・神田秀樹（編集代表）［2000］、『金融実務大辞典』、金融財政事情研究会

【補記2】本書の校正段階、2025年1月1日に、本講の5．などで記載のみちのく銀行は青森銀行と合併し青森みちのく銀行となりました。表紙カバー写真の説明を含め、本書中のみちのく銀行に関する記述は、2024年秋の本書擱《かく》筆段階のものです。

第1部　戦後金融史のポイント

――庶民金融機関を取り巻く時流の変転――

第2講

戦争直後のGHQ金融改革と「信用組合」・「無尽会社」から信用金庫・信用組合・相互銀行3業態への再編成

1.「敗戦国」とGHQ改革

1945年8月、日本は「敗戦国」になりました（あえて「敗戦国」と書く理由は本講と第9講で言及するGHQの影響力からお分かりいただけるでしょう）。「戦後改革」を含む「統治」に乗り込んできたGHQ将校たちは、（日本をあえて困らせようとか弱らせようとか）決して悪気《わるぎ》はなかったようですが、日本独特の庶民金融機関制度に関しては何年かかっても理解してくれない面はありました。

確かに、無尽会社が拠って立つ「無尽講」の仕組みは「講仲間」を基盤とし、参加メンバー間でくじ引きや入札が行われることは、アメリカ人の目には「博打《ばくち》まがい」とさえ映ってしまう、独特の「習俗」でした（本書でも一講話［第18講］をその説明に要するほどです）。

また、信用金庫の前身である「市街地信用組合」にしても、商工業者たちのための金融組織という割には、産業組合（戦後で言えば農協）の一種でもあったことにつき、筆者も「ワカラナーイ！」と叫ぶ気持ちのほうに軍配を上げたくもなります。

先に「何年かかっても理解してくれない」と書きましたが、そもそも１９４７年ぐらいまでは「戦後の金融制度」を考えるよりも「国民が飢えないように」との緊急・応急措置の連続でした。(1) そして１９４８年秋には、戦後改革よりも経済の安定化を重視するようにとの米国占領政策スタンスの変更があり、(2) 結局１９４９年が明けてはじめて、ＧＨＱも（実質的に法案を練る）日本の官僚側も、庶民金融機関の制度への本格着手が可能になったのでした。

ＧＨＱの金融改革でとかく「目の敵《かたき》にされた」のは財閥系の銀行や「国策」を担った特殊銀行（日本興業銀行や横浜正金銀行など）で、(3) それらの改変・廃止などは１９４５〜46年という早期に着手されました。中小企業や国民一般のための金融機関は相対的に好意的に扱われた一方で、戦後改革も１９４９年以降にずれ込んだのでした。

そのようなおり、大蔵省が考えていた庶民金融機関の再編成プランが思わぬ方面（商工省と新設の中小企業庁、「協同組合こそ民主的でナイス！」と気に入ったＧＨＱ）に主導権を一時奪われ、１９４９年に市街地信用組合が「信用組合」に先祖返りさせられる、というアクシデントも起こりました。

2. 1951年に出そろった庶民金融機関の昭和戦後3業態

市街地信用組合が右往左往させられたことは（少々込み入った話なので）第2部の第9講に譲るとして、つまるところ1951年までに庶民金融機関の制度改革はなされ、図表1のような3業態で戦後の再出発をすることになったのでした。

第9講（信用金庫制度）・第19講（相互銀行制度）で述べるように、この新しい**「中小企業（専門）金融機関」**（「庶民金融機関」の戦後の呼び名）の制度づくりには「思い切った割り切り」も多く、後にいろいろ問題も出てきました。

3. 「足の金融機関」と呼ばれた3業態の資金吸収力・信用供与力

しかし、焼け野原の日本で「真に中小企業のための金融機関が必要」ということについては、金融機関側も大蔵省側も思いが一致していました。『相互銀行史』［1971］は、1951年1月に無尽会社の業界が国会議員などに配布した「相互銀行実現に関する要望書」の原文を載せています（148−150頁）。以下はその部分的な紹介ですが、当時の中小企業金融資

図表1　庶民金融機関の「戦後改革」による変化

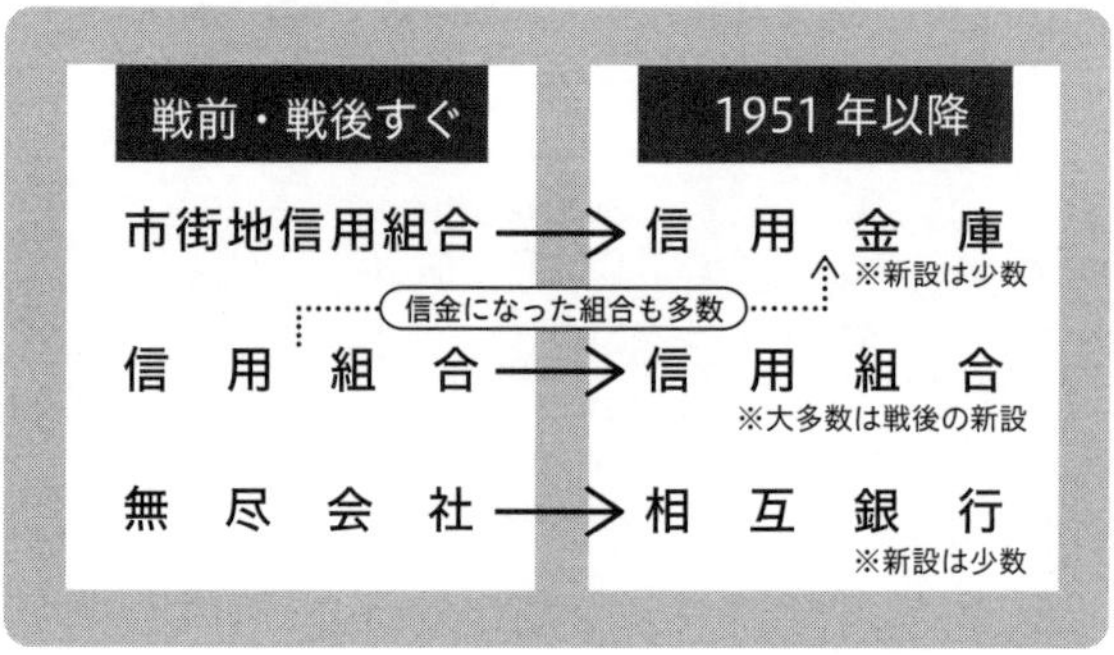

出所：筆者作成

金の逼迫《ひっ》振りとともに、無尽会社の自負心（私どもは銀行以上に頑張り役立っている！）や、営業職員（「外務員」）たちの奮闘振りも伝わってきます。「部分的な紹介」でもやや長めになりますが、それらを良く伝える「史料」としてお読みください（タイトルは筆者の追加）。

【不足する産業復興資金】

戦後極度に疲弊したるわが国経済の再建にあたっては、何をおいても資本の蓄積の重要なることは、既に議論の余地のないところであって、国内生産力の増強ならびに輸出貿易の振興がその目標とされるところである。（中略）…国内資本の蓄積は国民全体の勤倹努力に俟《ま》つほかはないが、限られる国内資本をできるかぎり蒐《しゅう》集し、これを産業の復興に対し有効に運用することはこれすなわち金融機関の責務である。

【無尽会社の優れた資金吸収力】

…特に無尽会社は資金の蒐集にあたり、単に店頭で受け入れをなすにとどまらず、積極的に外務員の足による資金の吸収を行なうことによってあるいは死蔵、退蔵され、もしくは不知不識の間に費消せらるる資金をも吸収して、これを経済面に頗《すこぶ》る効果的な活用をなしているのであって、中小企業者および一般大衆から最も親しみやすい金融機関として迎え入れられている。

…無尽会社は多数の外務職員を擁《よう》して毎月あるいは毎日顧客を訪問しもって掛金の集

金にあたるものであって、無尽加入者は居ながらにして貯蓄をなし得るのみならず、借入金の返済にあたりてもさしたる苦痛を感ずることなく分割済《な》し崩しをなすことができるのである。しかも加入者に対し毎月または毎日、定期的に小額掛金の払い込みを行なう習慣を付けしむることは勤倹貯蓄の点より見ても最も好ましいところであり、他の金融機関ないしは郵便局等の到底吸収し得ざる資金を吸収しつつある点に偉大なる価値を有するものと思料する。

【中小企業発展の重要性と金融難、銀行では間に合わない点】

…わが国の経済復興にあたっては、昔時の財閥独占の形態によらずして、最も民主化されたる姿における中小企業の健全なる発展が期待されているところであるが、しかもこれらの階層の刻下における金融難は最も深刻な様相を呈している。しかるにわが国の銀行は伝統的に大企業金融を主体となし来たったのであって、…結局無尽会社、信用協同組合等によって、これらの金融は賄《まかな》わざるを得ないこととなり、なかんずく無尽会社の金融がその中心をなしつつある…

(傍線は追加)

以上の引用文中では(無尽会社業界のアピール文書なので当然)無尽会社の資金吸収力が特筆されていますが、市街地信用組合も信用組合も「足の金融機関」として定評がありました（外務員からみればノルマの厳しさでもありました）。

4．信用金庫・相互銀行の大企業融資を防ぐための制度設計

中小企業の資金難を少しでも緩和するためにも、大蔵省の担当官たちは特に信用金庫・相互銀行――それらの中にはある程度の規模をもつ金融機関もありました――につき、それらが大企業融資になびかないよう**「中小企業（専門）金融機関」**と位置づけ、制度的な「歯止め」を掛けたのでした。

具体的には、信用金庫は**「会員制度」**によりもっぱら金庫会員（出資者）に融資すること、そして大企業は金庫会員になれないようにすることで、中小企業金融に専念するようにしました。

また相互銀行の場合は、**無尽講**《むじん》という中小企業・庶民相互間で戦前から行われてきた相互金融の「慣習」を引き継ぐ**「相互掛金」**が、自《おの》ずと相互銀行を中小企業金融に留《と》め置くであろうと思われました(4)（こちらは「相互掛金」が人気薄になっていくにつれ、がたつきが目立つようになります）。

加えて、信用金庫は「会員」資格をあらかじめ決められた「地区」に限ること（信用金庫法第10条）により、また相互銀行は「営業区域」をあらかじめ定めること（相互銀行法第8条）により、**「地域の資金は地域に還元する」**ようにしました。

コラム② あわせて理解しておきたい「農協（JA）」と「労働金庫（ろうきん）」⑤

本講の1.で、信用金庫の前身の「市街地信用組合」が産業組合（戦後で言えば農協）の一種でもあった、と述べました。産業組合の根拠法の産業組合法は1900年（明治33年）にできましたが、今の「産業」という言葉のイメージ（工業など）と違って、当時は農業という産業が大変重要で、産業組合も圧倒的多数（大正期で1万数千）はいわば「農業組合」で、商工業者たちの産業組合（これが信金・信組のルーツ）は数百と、ごく少数派でした。

農村部の産業組合のメイン業務は農業資材の協同購買、農業生産支援、協同販売で、信用事業（貯金・貸出）はどちらかと言えばサブの業務でした。それらの組合が戦後、1947年の制度改正（農業協同組合法の制定）で**農業協同組合（農協）**になったのでした（"JA"という呼び名は1992年から）。

もう一つ紹介したいのは、信用組合の「親戚」、**労働金庫（ろうきん）**です。

詳しくは第13講で述べますが、戦後の信用組合業態は1949年の中小企業等協同組合法によって始まりました。同法により、信用組合は、どのような中小企業・個人が組合に参加できるかを定款で定めることになり、多くの組合は地域を区切りとし、また特定の職場（企業・役所など）を参加範囲として定める組合もありました。

労働組合や生活協同組合の構成員で信用組合を作る動きもあり、1950年に岡山県勤労者信用組合・兵庫県勤労信用組合が設立されたのを皮切りに、1951年に6つの県・道、1952年に15の都・府・県（うち大阪は2組合）に勤労信用組合が設立されました。全国的に設立の気運が高まるなか1951年10月には全国労働金庫協会が設立され、独自の根拠法をもった**「労働金庫」**という新たな金融業態を求め行政・国会方面にも働きかけた結果、1953年に労働金庫法が制定されました。

（1）原朗［2002］、「戦後復興期の日本経済」（うち2．戦後危機の実態）、原朗（編）『復興期の日本経済』、東京大学出版会
（2）村本孜［2023］、「戦後の金融改革の方向と市街地信用組合～金融業法制定の中で～5」、『信用金庫』、2023年6月
（3）竹前栄治・中村隆英（監修）［1997］、『金融』（GHQ日本占領史39）、日本図書センター
（4）青山保光［1953］、「相互銀行と国民大衆」、『相互銀行』、1953年3月
（5）本コラムは『信用金庫60年史』［2012］、序章、および三村聡［2014］、『労働金庫』、金融財政事情研究会に拠《よ》っています

【補記】注（5）にある『信用金庫60年史』［2012］のように、本書全体を通じ参照文献として頻出する業界年史・当局年報については、煩雑化を避けるため簡略表記しました。各文献の書誌については、巻末の「簡略表示した業界年史等の一覧」をご参照ください。

第3講 戦後復興期における庶民金融機関の役割と苦労

1. 戦後復興期も綱渡りだった中小企業の資金繰り

第2講において、庶民金融機関3業態の前身すなわち無尽会社や（市街地）信用組合は「足の金融機関」として中小企業・一般個人相手の資金集め・融資に定評があったこと、それに大蔵省も期待をかけて戦後の庶民金融機関の制度すなわち相互銀行・信用金庫・信用組合が出来上がったことを述べました。

敗戦直後の庶民一般の大変な生活苦・金欠《きんけつ》ぶりは、テレビドラマやドキュメンタリーなどでもしばしば描かれます。しかしそれも1950年からの「朝鮮特需」や1952年の独立回復（サンフランシスコ講和条約の発効）で経済的に立ち直っていった、というのが「教科書的」な理解でしょう。

しかしながら中小企業一般に、少なくとも1950年代のうちは、しばしば金欠に苦しむという資金面での苦労や、不況局面での倒産多発といった悲劇は、ごく身近な恐怖でした。この「恐怖感」とその背景につき、筆者があれこれ経済用語を用いて解説するより、七十余年前の証言者たちに紙上で語ってもらうことにしましょう。(1)

三竿《さお》甚太郎（日本足袋《たび》工業会理事長）：講和後の日本経済は、いろんな面からみて非常に難関が多いと思うのですが、とくに金融面については今後予想されるインフレ対策として、[政府・日銀が] 金融面でこれを操作するという話もありますのでますます金融が逼迫《ひっぱく》するということをわれわれは恐れているのであります。

谷敷寛（中小企業庁金融課長）：[講和後は] むしろ反対に苦しくなってくるという面が強いんじゃないか、とも考えられる。その原因としては、一つは、根本的な問題としては、講和になっても、ならなくても、要するに戦争で受けた被害によって日本の資本の蓄積は非常に少なくなって、大企業、中小企業を問わず、非常な資金難になっている。（中略）結局限りある民間の資金源を自由に取り合うことになると、どうしても大企業のほうに重点的に使われていくんじゃないか。

鎌田正明（商工中金理事）：現在日本経済というものは栄養不良で吹けば飛ぶような貧弱な状態にある。一例を言えば、最近国際情勢の関係上輸出が不振である。するとすぐ滞貨 [見込み違いの在庫] ができる。滞貨ができるとすぐ持て余す。それに対する何らの対抗力をもたない。そういう弱い姿である。ただ日本のたのみとするところは、国民の勤労意欲が旺盛であるという一事です。

（傍線は追加）

この座談会で中小企業庁の谷敷金融課長が言っているように、日本の企業全体が資金不足であるなかでも、中小企業は大企業と比べて劣位に置かれ、特に銀行（都市銀行、次いで地方銀行）の融資の際の優先度に、その傾向がありました。

> 以下本書では**「銀行」**という名詞は都市銀行・地方銀行の2業態を指し（それら業態は**「普通銀行（普銀）」**と総称されます）、相互銀行は含まないものとします。

2. 銀行などが中小企業への融資をいやがった理由

当時の国民金融公庫（現在の日本政策金融公庫）の職員が記した本に、中小企業金融が「一般金融機関に喜ばれない」理由が、次のように列挙されています。[2]

（1）社債発行、株式増資等による証券市場の利用ができない。

（2）信用力、担保力、経済変動に対する抵抗力が薄弱。そうでない場合もあろうが金融機関に対してそれを証する手だてがない。
（3）金融機関との間に継続的取引が少ない。
（4）融資しても［近い将来に］見返りの預金が見込めない。
（5）小口かつ新規の取引が多いため、調査費その他諸経費の点でコスト高になる。
（6）経営に非合理な面が多く、経理内容が不明確。
（7）その事業が属する産業の今後が見通せない。
（読者に分かりやすいよう、部分的に言い換え・補完しました）

中小企業の側からすれば「何と身勝手で冷淡な」と言いたくなるような「言い訳」ですが、これら「銀行がいやがった理由」の数々は、当時の他の金融関係・中小企業関係メディアなどを見渡してもよく目にしますので、やはりそれが銀行の本音だったのでしょう。

3.「中小企業融資から離れないでほしい」と訴えた大蔵省

第2講の4.ではサラリと、大蔵省が信用金庫・相互銀行の大企業融資を防ぐため、信用金庫・相互銀行の制度設計をした、と述べました。大蔵省は、右の2.で述べたような銀行、いや金融機関一般の本音を良く知っていましたから、信用金庫制度の発足に先立ち担当課長が直接、業界の役員会に出向き、次のように「皆さんは決して中小企業融資から離れないでほしい。そのために信用金庫制度を創るのですよ」と訴えています。[3]

中小企業金融機関としての信用組合が、［株式会社でなく］協同組織であることは産業組合以来のことである。機能としては信用組合は、後に相互銀行になった無尽会社よりも元来はるかに金融機関的である。それならばこれを小型の銀行として株式会社にすればそれでいいようであるが、もし…組合が銀行になったとしても果たしてその分を守りうるかというと、この点については疑問がある。

中小企業金融はその専門機関を要する分野であって、その分野は他と性質を異にする。それにあたるものが、市中銀行と同じ組織・制度によった機関であるとき、果たしていつまでも中小企業金融を専門とすることに満足するであろうか。しだいに大企業に接触を求めようとすることを制度的に阻止するわくがないとすれば、遠からず再び、中小企業金融は、担当する機関のない満たされない分野となる。［それゆえ］金融機関自体を区別する必要があ［るのである］。（傍線は追加）

4.「〝中小企業金融機関〟はつらいよ」

信用金庫になった旧市街地信用組合、そして相互銀行になった旧無尽会社は、大蔵省から本講の3.のように「説諭」され、それぞれ信用金庫、相互銀行という新制度を受け入れ、新たな看板を掲げました。市街地信用組合も無尽会社も、多くは大正時代以来の「庶民金融」の業歴があり、その経営者・役職員たちの多くは前向きな気持ちで新看板をながめたことでしょう。

また、信用組合の場合、戦後の新設派がほとんどでした。本講の1.で見たように資金難にあえぐ地元中小企業の期待の的として、地銀・信金・相銀の店舗が手薄な地域で発足した場合が多かったのです。融資はもちろんのこと、預金も原則組合員（中小企業・個人）としか取引できないことを納得のうえ、続々と開業していったのです。

そして、**「中小企業（専門）金融機関」**（大蔵省の呼び方）を自任するそれら3つの業態は、それぞれ「〝中小企業金融機関〟はつらいよ」という気持ちも味わうことになるのでした。

ここで、本講の2.で挙げた7つの「銀行がいやがった理由」を、あらためて眺めてみましょう。証券市場から資金調達ができない（理由1）中小企業は、金融機関融資だけが頼りですが、資金繰りがいつも綱渡りで、預金どころではありません（理由4）。それに加え、業況は不安定で担保も少なく（理由2）、将来性も（貸し手の目には）不透明です（理由7）。

もちろん、銀行と違って庶民金融機関のDNAを引き継ぐ信金・信組・相銀は、借り手との親身なリレーションシップでその経営・経理内容を把握し（理由6の克服）、継続して取引を持とうとするものです（理由3の克服）。小口取引や新規先調査のコスト（理由5）も、（悲しいかな）銀行より安い役職員給与そして地元密着度の高さでかなりカバーできますし、また最後は銀行より高めの貸出金利――それでも借り手にとっては高利貸しや質屋よりも十分安い――が採算確保に役立ちます。

そのようにして中小企業と付き合うことは、銀行に比べてしんどい仕事には違いありませんが、信金・信組・相銀の役職員たちは中小企業と同じ「薄利多売」で頑張り続けたのでした。

ただ、金融機関の「売り物」である融資資金が底をつく、といった事態もしばしば起こったようです。上で「中小企業は…資金繰りがいつも綱渡りで、預金どころではありません（理由4）」と書きましたが、3業態のなかで最も小口・零細先が多く、金融機関自身の業歴も平均的に浅かった信用組合には、自身の資金繰りも綱渡りの組合もありました（第14講で述べます）。

他方、信用金庫（旧市街地信用金庫）次いで相互銀行（旧無尽会社）は、戦前から地域に根をおろしていた本支店もあり、中小企業者の家族預金や地域の非借入れ先の預金を含めれば、「自身の資金繰りが綱渡り」という金庫・相銀は多くなかったようです。

5. 銀行の中小企業融資の「蛇口」は金融緩和で緩み、金融引締めで締まった

今まで銀行については、中小企業融資に冷淡ということばかり書いてきましたが、もう少し丁寧に述べれば、銀行はいつも中小企業に冷淡だったのではありません。都市銀行が典型

ですが、彼らはまず、復興途上の大・中堅企業取引先の支援に資金をせっせと回したうえで、残りの資金は中小企業（といっても「中」優先で）に回そうと努めました。

しかし中小企業側から見て、「残りの資金」というのが問題でした。本講で見てきた時期には都市銀行こそ慢性的な「資金不足」の状態にあり、日銀、次いで農村県の地銀や生保などからの多額の借入れでしのいでいました（**「オーバーローン」**体質）。そのように「オーバーローン」の銀行は、いったん政府・日銀の金融引締め政策が発動されると資金繰りが苦しくなり、「残りの資金」が簡単に干《ひ》上がったのです（なお、戦後はじめて「金融引締め」の大波が来たのは１９５３年10月のことで、国際収支悪化の食い止めが政策的理由でした）[4]。

都市銀行が融資してくれるような中小企業は、相互銀行の主力貸出先、信用金庫の優良貸出先に相当します[5]。自行の「根幹先」、自金庫の「上位先」が、金融緩和になると都銀そして地銀の「草刈場」になり、その後金融引締めになると銀行の資金繰りの「調整弁」[6]とされて相銀・信金の窓口に続々と融資申し込みに来る、といった姿が繰り返されたのでした。

もちろん相銀・信金としては、「中小企業金融機関」の役割を担っている限り、そして元々は良いリレーションシップのあった先でもあり、融資関係の復活や融資増額に応じました。しかし自行・自金庫の資金繰りも右往左往させられることになり、やはりそれも、「〝中小企業金融機関〟はつらいよ」だったのです。

（1）「これからの中小企業金融機関はどうなるか」（座談会）、『中小企業協同組合』１９５１年10月号、６頁
（2）前田三郎［１９５２］、『中小企業金融の実際』、金星堂、36－37頁
（3）由里［２０２１ａ］、「『協同組織』信用金庫における『協同』の位置づけ」（前編）、97頁
（4）日本銀行百年史編纂委員会（編）［１９８５］、『日本銀行百年史』（第五巻）、570－573頁、および、富士銀行調査部百年史編さん室（編）［１９８２］、『富士銀行百年史』、807－809頁
（5）高垣寅次郎［１９５９］、「信用金庫の発展」（第六章）、『信用金庫史』、524－525頁
（6）川口弘・川合一郎（編）［１９６４］、『日本の金融』、有斐閣、58－59頁

【補記１】注（３）のように拙稿・拙著が参照元の場合、表記は簡略化し、巻末の「ベースとなった筆者の論文など」に書誌を記すかたちにします。

【補記２】注（４）にある日本銀行・富士銀行の各年史のように、本書の参考文献には金融機関の年史が時々登場しますが、煩雑化を避けるため、「発行元」が当該金融機関である場合は「発行元」の記載を省きました。

第3講 戦後復興期における庶民金融機関の役割と苦労

第4講 高度成長期の始まりと伸び盛りの中小企業金融機関

1．戦後復興の段階が終わり高度成長期へ

１９５６年の『経済白書』が「もはや戦後ではない」の名文句を掲げたことは、今では日本史の教科書にも載っています。正確には「戦後復興過程が終わった」という意味（同白書「前書き」部分の経済企画庁長官声明[1]）なのですが、確かに、「昭和」で言えば30年代に入ってからは、20年代のような日本経済の足腰の頼りなさはなくなって、図表２のようなしっかりした成長ぶりになっていきました。

筆者は１９５９年生まれで、「日本経済の動き」に少しでも関心を持ったのは１９７３年の石油ショック・狂乱物価がきっかけでしたから、このグラフに表されている**「高度成長期」**は、まだ（経済を見る眼に関し）物心が付いていませんでした。１９７３年以降の経済成長率は、せいぜい年率５％どまりでしたので、このグラフにある年率10％もの経済成長の

元で具体的にどのような現象が起こっていたのか、筆者にも想像できません。そこで一例として、１９５９年９月の財務局長（大蔵省の地方組織のトップで各地の金融機関からの情報に詳しい）の報告要旨(2)から拾ってみましょう。

――求人開拓がボルト《〔原文〕ママ》・ネック 雇用――

（近畿）でも求職者数は４～６月に10％から18％の減少をみる一方、新規求人数は40％から60％方の増加という好転ぶりである。さらに（北陸）では繊維の立ち直りから絹、人絹織物業界の女子工員不足が激しく、東北、九州方面にも求人開拓をしているが、軽電機部門など大企業に吸収されて委員《ママ》の確保ができず（充足率50％）、このため工員の引き抜きや深夜業などが行なわれて問題化している。

――浸透する旺盛な購買力 消費――

東京都勤労世帯における３～７月の世帯主定期収入は前

図表２　高度成長期の経済諸指標の推移

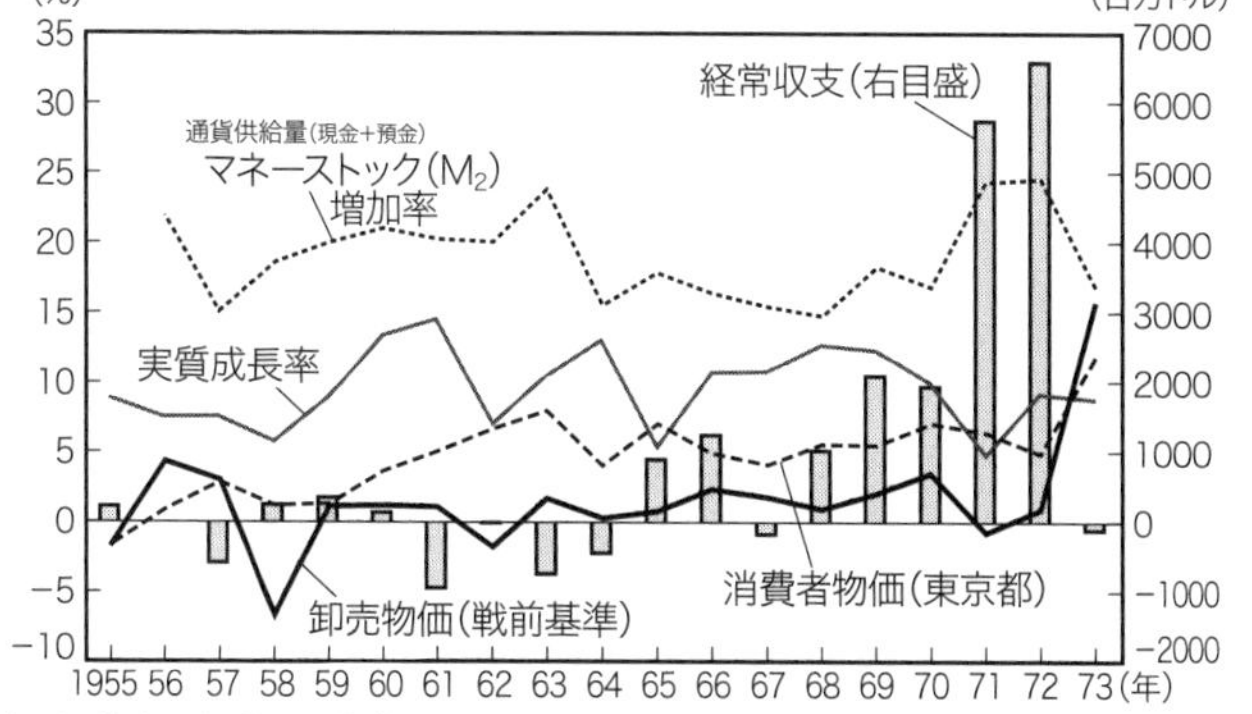

出所：鈴木淑夫［2016］『試練と挑戦の戦後金融経済史』（岩波書店）、28頁（一部補記）
（原出所：日本銀行百年史編纂委員会［1986］『日本銀行百年史』［資料編］）

年同期にくらべ4%増加し、消費水準も7月は前年に比べ6・5%の増加、百貨店売上高は21・8%増となっている（関東）、また名古屋市全世帯一人当り月間現金消費支出額は3月［前年比］9%、4月11・9%、5月18・7%と尻上がりの上昇で…（東海）、また消費の旺盛さは農村にもしみ通ってきており、農家経済は連続の豊作から、昨年は農機具購入と負債の返済に回った農家の購買力が今年は純消費にも本格的に向かってきており（南九州）、…（以下略）

まとめて言えば、こういう暮らしぶりでしょうか。働き先（もちろんフルタイム）はいくらでもあって、めっぽう忙しい。でも給料袋もしっかり太り続け（当時は『給料袋』に現金が入っていました）、自分も家族も、買い物のレベル（買う店や商品の質・種類）がグイグイ向上、と。

2. 景気の乱高下と「二重構造」の宿命

それでは日本の皆が、せっせと働きさえすればいつもハッピーでいられたのか、といえば全然そうではなかったようです。

先ほどの図表2には（なぜか）「経常収支」の棒グラフが付いていますが、これが1955〜67年にはプラス（収支は黒字）とマイナス（収支は赤字）の間を行ったり来たりしています。ちょうど1．で当時の「雇用」・「消費」の様子を引用した1959年は好景気（岩戸景気）の入り口で、1961年まではかなりの好況が続いたのですが、当時の日本の工業生産力はまだ底が浅く、国内消費がブームになれば輸出に回せる量が減りました。消費ブームでは輸入品も増加し、結果として国際収支が赤字に転落したのです。

当時の日銀は、通貨（日本円）の価値の維持を自らの重要課題と考えていて、まだ国際的な信認が十分ではなかった円の為替レート（1＄＝360円の固定制でしたが収支赤字国には「通貨切り下げ」ペナルティの可能性も）が揺らいでは国家の一大事と、国際収支が赤字に転落すれば即座に景気を冷やすべく**金融引締め**に転じたのです。(3)

前の第3講の終わりでも触れたように、金融引締めになれば銀行は（より大事な顧客である）大企業融資を何とかキープする一方、中小企業融資の蛇口を絞ります。そして引締めが終われば、また中小企業融資を増やそうとするのです。読者の方は「中小企業のほうも、そんな浮気性の銀行と付き合わなければよいではないか」と思われるかも知れませんが、中小企業としても金利が相対的に低い銀行の融資には食指が伸び、また「聞こえの良い」銀行と付き合うことで（取引企業・消費者などから見て）「信用度」が上がることも魅力的でした。そして何よりも、相銀・信金・信組の「中小企業金融機関」だけでは中小企業融資のすべてを担うだけの資金量がなかったのでした。

かくして、図表3（都市銀行の場合）に示されるような銀行の中小企業融資の「蛇口の開け閉め」が、1950年代後半から1960年代前半にかけて繰り返されることになりました。この図では大企業向け融資残高の増加額が太い実線で示され、中小企業向け融資残高の増加額が点線で示されています。

先ほどから見ている1959年半ばから1961年末にかけての岩戸景気の場合、景気回復が始まった1959年後半から大企業向け融資の増加額は大きく伸びる一方、中小企業向け融資も増加しているものの増加額は頭打ちでした。1961年の経常収支赤字基調（図表2参照）を受け日銀が金融引締めに転じると、同年半ばから銀行の中小企業向け融資の「蛇口」が絞られていき、大企業向け融資の増加額は維持される一方、中小企業向け融資の増加額は前年比ゼロ近くに減りました（物価が年数%上がり続ける経済で融資残高横ばいは実質的な融資

図表３　「借り手の二重構造」を示す都市銀行貸出金の増減額の推移

（対前年比）

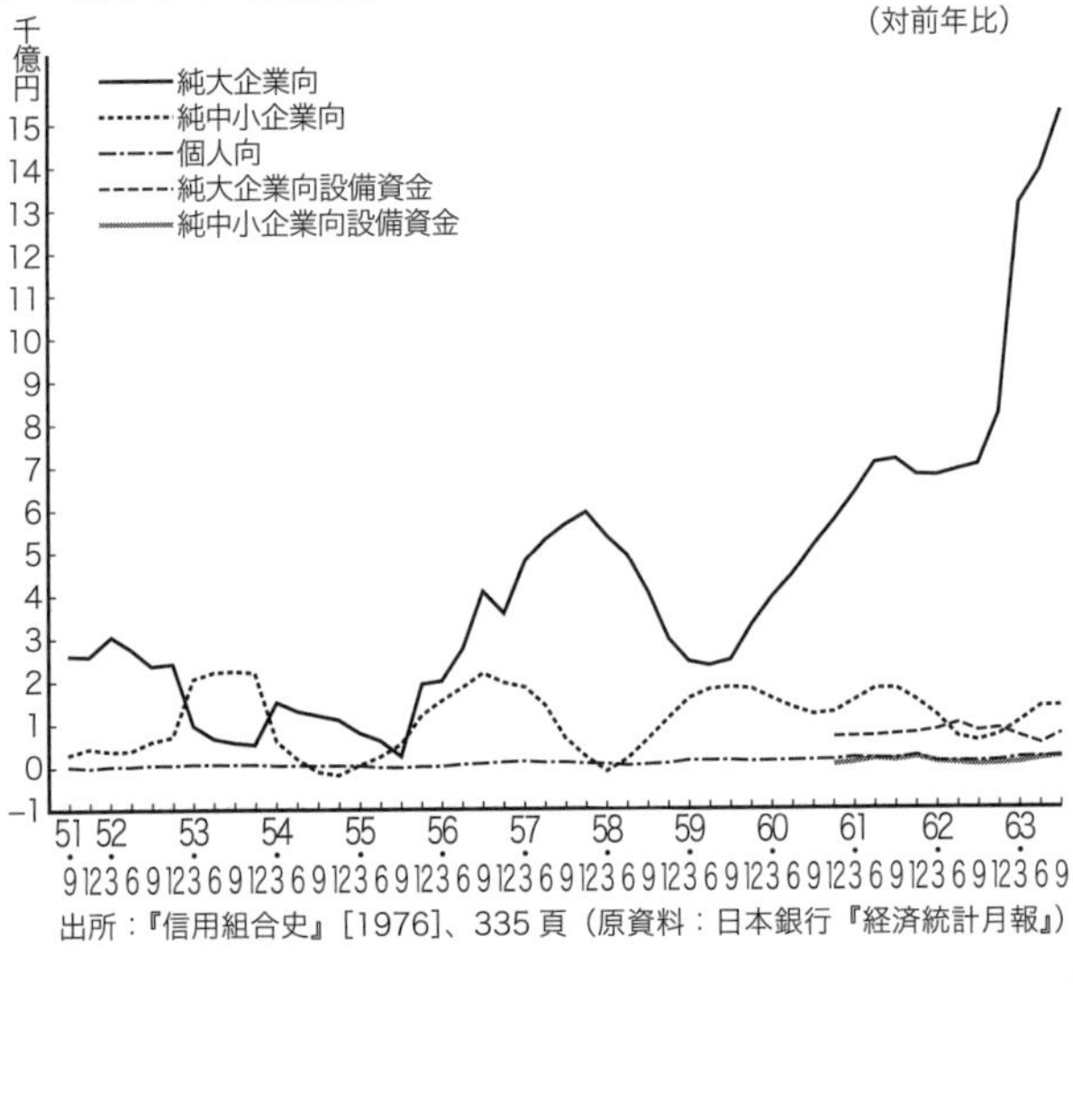

出所：『信用組合史』[1976]、335 頁（原資料：日本銀行『経済統計月報』）

削減を意味します)。

このように、中小企業が「大企業の金融のシワ寄せをこうむって、調整弁的・クッション的役割を負わされている」状況を川口・川合[1965]は(大企業と中小企業という)**「借り手の二重構造」**と呼びました。[4]

この「借り手の二重構造」という言葉は、1960年前後から1970年頃まで政府の産業政策・中小企業政策でよく言われた「近代化し生産性を高めた大企業、前近代性が残り生産性に劣る中小企業」という**産業・企業実態上の「二重構造」**[5]に対応するものとして名づけられたものでした。

3.「中小企業金融機関」3業態の活躍

本講で「観察時点」としてきた1959年秋の岩戸景気開始の頃につき、ちょうど相銀次いで信金の状況を結構細かくルポした記事[6]があります(場所は大阪を中心とした関西)。ここからは、以上述べてきた「二重構造」のもとでも、中小企業取引先と手を取ってしたたかに生き抜こうとする相銀・信金の姿が浮かび上がってきます。

この[1959年]6、7月ころまでは、都市銀行の積極的な中小企業向け融資攻勢の矢表に立たされて、得意先を侵食され、余裕金の運用が大きな問題になっていたが、最近はほとんどこの貸出先に悩む心配はない。「これまでの何回かが金融緩和のたびに煮湯《にえゆ》を飲まされてきたのだから、銀行との間を行き来する両棲《せい》動物は、この際はっきりお断りしますよ」という強気すら聞かれるくらいだ。しかし多くの中小企業者は、金融情勢の変化も考えて銀行取引と相銀、信金との取引を併用しているので、そのような取引先に対しては、「金融の繁閑とともに取引金融機関の比重が変わるのもやむをえまい。問題は、このような取引先をいかにこちらに引き付けるかにある。…［銀行と我々と］併用の企業に対しては、銀行に締められた分の運転資金は、面倒みねばなるまい」とする態度が多いようだ。

今のような金融情勢では、設備投資は進んだ、増加運転資金はなんとかなるだろう、といった［おおざっぱな資金繰り準備の］企業が多く、運転資金手当の準備の有害《ママ》［〝有無〟か?］に注意していないと、［信用］金庫経営は危険な時だという声もある。…この面からも［近畿地区の諸信金で］企業診断員養成の必要性が痛感されているわけだ。

図表4　金融業態別中小企業向け貸出残高・シェアの推移　単位：十億円

年度末または中間期末		1955年度		1959年度		1963年中間	
		金額	%	金額	%	金額	%
都銀・長信銀・信託		658	33.0	1,239	30.0	2,283	25.6
地方銀行		541	27.1	1,059	25.7	2,240	25.1
	相互銀行	373	18.7	777	18.8	1,863	20.9
	信用金庫	219	11.0	547	13.3	1,489	16.7
	信用組合	41	2.1	123	3.0	359	4.0
	民間3業態 小計	633	31.8	1,447	35.1	3,711	41.6
	中小企業専門政府系	157	7.9	379	9.2	678	7.6
中小企業専門金融機関 計		790	39.6	1,826	44.2	4,389	49.1
開発銀行		4	0.2	3	0.1	19	0.2
総合計		1,993	100	4,127	100	8,931	100

出所：『中小企業白書』[1964]、344頁のデータより著者作表（原資料：日本銀行『経済統計月報』）

　このような「中小企業金融機関」３業態の姿勢は、この時期の中小企業融資残高の推移を見ても、確かに実を結んだといえるでしょう。図表４は、先の図表３の期間に合わせて３業態（表の中では「民間３業態」）の中小企業向け融資残高とシェアの推移を表したものですが、１９５５年度末（１９５６年３月）と１９６３年度中間期末との比較で、３業態の融資残高は５倍以上、シェアも約10％増加（31・８％⇒41・６％）するという「大躍進」ぶりでした。

（１）インターネット検索で「昭和31年度年次経済報告」と打ち込めば、"e-Gov"（政府のネット総合案内サイト）所載の同報告書（通称『経済白書』）にたどり着けます。
（２）『金融財政事情』１９５９年10月５日、28－29頁
（３）呉文二［１９７３］、『金融政策』、東洋経済新報社、19－20頁
（４）川口弘・川合一郎（編）［１９６５］、『日本の金融』、有斐閣、９－11頁、58頁
（５）植田浩史［２００４］、『現代日本の中小企業』、岩波書店、第２章
（６）「関西中小金融界の表情」、『金融財政事情』１９５９年10月26日、32－33頁

第5講 金融正常化・金融効率化の要請下の中小企業金融機関

1.「先進国」復帰に際しての「自由化」の課題

本書を書き進めている2024年の春から夏にかけて、残念なことに、日本は「先進国の中で相対的に落ち目」などと、しばしばメディアなどが報じています。

しかしながら、筆者はそれを聞いてあまのじゃくにも、「まだ先進国であるだけいいじゃないか…」との思いも頭をよぎります。なぜなら、先の第4講で取り上げた時期（1956年『経済白書』「もはや戦後ではない」）は言うに及ばず、この第5講のはじまりの時点（1960年代前半）においてさえ、まだ日本は先進国に復帰したとは言えなかったからです。

1963年の『経済白書』の前書きを見てみましょう。

日本経済は引き続く高成長によって、経済規模も先進国に近づき、IMF8条国への移行、OECDへの加盟など今後世界経済との関係も一段と密接化してまいりますから、封建的な経済体制の弊をとりさり、一層国際社会の一員としてふさわしい姿を整えていく必要があります。そのためには経済のたちおくれた部面を改善し、ひずみを是正するなど多くの面で地固めを行なっていくことが大切であります。

（「経済白書の発表に当って」経済企画庁長官宮澤喜一、傍線・傍点は追加）

この引用文中に「IMF8条国への移行」とありますが、IMF（国際通貨基金）8条国移行とGATT（関税・貿易一般協定）11条国移行、一言で言えば「自由貿易の原則を守る国」になることは[1]、当時「先進国入り」の必須の関門でした。

今の読者の方々には「ふーん、別に自由貿易でいいじゃん」と言われてしまうかも知れませんが、戦後の日本は「保護貿易政策の乱発」で立ち直ってきた面もありましたから（アメリカなども日本の復興・一人立ちのためそれを黙認）、これは大変大きな政策転換であり、そして企業にとってはビジネス環境の大変化でした。

先の引用文にはまた、「経済のたちおくれた部面を改善し、ひずみを是正する」とあります。このあたりが本講と関連が大いにあります。なぜなら、当時の日本の経済・産業政策において「たちおくれた」部分の代表格の一つが「弱小」中小企業群とされていて、また、それらを金融面で世話する「中小企業金融機関」（信金・信組・相銀）も銀行と比べ「近代化」が遅れ「非効率性」を残した金融機関群と、大蔵省などから見られていたからです。

2．1960年代半ばから約10年間の「〝自由化〟の季節」

前述のIMF8条国・GATT11条国への移行は1964年に実施され、その後1970年代はじめ頃までに貿易自由化はほぼ完了しました。資本自由化（外国資本参入の自由化）もやや遅れて進められ、これも1973年までに完了しました。(2)

すなわち、先に引用した『経済白書』の頃（1963年）から約10年間は「〝自由化〟の季節」で、その間1964年に東京オリンピックがあり、1970年には大阪万博があって、その季節の終わりまでには、日本は名実ともに再度先進国の仲間入りを果たしたのでした。

そう書けば「めでたし、めでたし」のようですが、1．の終わりで書いたように政策当局に「たちおくれた部面」と名指しされた中小企業群や「中小企業金融機関」にとっては、新たな苦労が増えていった10年間でもあったのです。

3．1960年代前半の「金融正常化」――まだ「政策的保護」も残っていた

時代の針を1960年代はじめに戻しましょう。その頃からすでに政府部内では「自由化」は既定路線でしたので、わが国の企業とりわけ製造業が厳しい国際競争にさらされてい

く、その準備のための諸政策が打ち出されていきました。

大蔵省としては、それら企業に対する資金供給者である銀行等もまた、自身が効率的経営に努め、安定的かつ低利の資金を供給せねばならないという**「金融正常化」**の行政方針を打ち出しました[(3)]。

その一方、第4講の2.で述べた大企業と中小企業との「二重構造の問題」もまだ存在していたので、大蔵省は、銀行借り入れ面で劣位に置かれた中小企業に資金を供給する「中小企業金融機関」に対しては政策的配慮の必要性もまだある、と認識していました。

それゆえ信金・信組・相銀の3業態については、貸出先の制約（中小企業や組合員・会員）を受けることと引き替えに、決算経理や店舗網の拡張などの面で優遇措置（銀行との比較で）が取られました。

しかし1960年代半ばに差し掛かると、先に述べたように貿易・資本の自由化が実施段階に入り、「日本が国際競争を勝ち抜くため」の掛け声が大きくなるなか、通産省次いで大蔵省なども大手・中堅企業の後押しを強めるようになりました。金融行政においても風向きが変化し、1964年の「店舗行政の弾力化」に代表されるように、銀行の勢力拡張が後押しされるようになっていきました。

この頃になると、信金・信組・相銀合計の中小企業融資残高が銀行と並ぶまでになっていました（第4講の図表4）。「存在感を増した3業態の近代化の遅れが日本経済に及ぼすマイナス面は見逃せない」と考えた大蔵当局は、それらの金融機関も「金融正常化」の対象に組み入れようとします。そして相銀・信金、次いで信組の順で、個別金融組織の各々も「近代的金融機関」として銀行に準ずるものに「整備」するよう、金融監督の方式を整えていったのでした。

4. 1960年代後半以降の「金融効率化」――「競争原理」の導入

それでも、「金融正常化」の行政スタンスのもとでは、なおも都市銀行から信用組合までの各金融業態につき、それぞれ存続可能な「守備範囲」を制度的に分け与え、個々の金融機関が「放漫経営」でない限り存続できるという、いわば「ブレーキ付きの競争」(ブレーキの操作者は大蔵省)になるような政策的配慮がなされていました。

そのような「政策的配慮」を相当程度外し、業態間でも個別金融組織間でも、より「競争原理」に近づける方向へと舵を切ったのが、1966年後半以降大蔵金融行政をリードした澄田智銀行局長(後に大蔵次官、日銀総裁)で、そのもとで**「金融効率化」**政策が推し進められました。

当時は高度経済成長の盛期で、労働力不足が進行し、また、消費者物価もインフレの気配がありました(第4講の図表2)。1967年はじめの「経済社会発展計画」でも「中小・後進部門の生産性が低いことが労働力その他の経済的資源の効率的活用のネックになっている」ということが問題視され、同計画が唱える「経済の効率化」・「産業の再編成」が政府全体の経済政策のキーワード、「錦の御旗」になっていました。

その「錦の御旗」に照らせば、「中小企業金融機関」に対する政策的配慮なども、非効率な金融組織を「ぬるま湯」的に温存する「旧弊」になってしまいます。澄田銀行局長はそのような考え方に立ち、それまでの標準的な金融機関行政手法であった**「護送船団方式」**――「弱い船」でも生き残れるような行政運営――を変化させていきました。信組・信金・相銀3業態に対する「政策的保護」の囲いが徐々に撤去され、都市銀行から信用組合に至るまで、諸業態間の**「競争原理」**さらには**「適者生存原理」**が導入されていくことになりました。

(a) 統一経理基準――全業態の金融機関をパフォーマンス比較(競争原理)

「金融効率化」行政の具体的な「成果」としては、まず**「統一経理基準」**が挙げられます。「統一経理基準」の狙い目は、銀行決算を一般企業同様の会計原則の元に置き、「期間損益の実態が銀行の当事者だけではなく、株主にも取り引き者にも一層わかりやすくなる」決算についての疑惑や誤解が一掃される」(傍点は引用元原文)ようにすることでした。[4]

これだけなら、銀行も企業(多くは株式公開の)である限り、当然のことでしょう(そもそも同基準の命名の由来は銀行の決算規則と企業会計原則とを「統一」することでした)。

しかし、「さらに大きな利点は、銀行の収益の実態が決算に反映されることになって、銀行としても業績の競争に励まざるをえなくなること」も、大蔵省の狙い目でした。

「統一経理基準」は1967年9月の通達により普銀86行に対し発令、実施されました。「中小企業金融機関」3業態にも対象を拡げるかどうかの議論では、相銀・信金業界は貸出金償却率・繰入率など「中小企業専門」の独自性・事情に配慮すべきなどと抵抗を示しましたが、大蔵省はさほど間を置かずして同基準を相銀・信金にも適用する準備に取りかかりました。

結局「統一経理基準」は、上記のように元々は一般企業会計との「統一」の意味であったものが、「都銀から信組まで」にまたがる「金融全業態統一」という意味になってしまいました（おそらく大蔵省には当初からその狙いもあったのでしょう）。金融機関とはいえ中小企業同士の「協同組合」の性格も持つ信用組合にさえ、銀行との時間差わずか2年半で、同じ経理基準が適用されることになったのです。

このように強く「統一経理基準」を推し進めた、大蔵省の理由づけは、「銀行と差のある基準を設けるのは、自ら銀行との差を認め、信用を落とすことになりかねないし、また、公共性の強い金融機関として、銀行と同一の基準とするのが本筋」とのことでした（この理由づけも3業態側からすれば「強引」な感がありました）。

「統一経理基準」の全業態への適用後は、都市銀行から信用組合まで同じ基準でパフォーマンス比較することが可能になり、業態間比較、個別金融機関比較の諸データ表が、金融業界誌上や金融制度調査会資料などに表れるようになっていきました。３業態の業界人たちにとっては、「大銀行と並べて金融機関としてのパフォーマンスを測られ、比較される」世の中になったのでした。

主に「利益効率」や「財務健全性」からなるパフォーマンス指標は、中小企業金融機関の持ち味である「小零細企業に対する面倒見の良さ」などを捉えきれない、という問題もかかえています。信金などの経営者がパフォーマンス指標のみを重視すれば、小零細企業に対する面倒見がおろそかになってしまうなど、今日も見られるような問題の起点が、「統一経理基準」適用開始の１９７０年頃にあったのです。

(b) 合併・転換法——業態間合併、異業態への転換が可能に(適者生存原理)

１９６７年10月の金融制度調査会答申「中小企業金融制度のあり方」の一項目に、「異種金融機関相互間の合併・転換を可能ならしめるよう、法律上その道を開いておく必要があろう」との方向性が盛り込まれました。これ自体「金融効率化」のため大蔵省が働きかけた結果でしたが、同答申の翌年、**「合併・転換法」**（正式名称は「金融機関の合併・転換に関する法律」）が成立、施行されました。

この法律によって、都銀・地銀から信組まで、金融諸業態間の「異種合併」・「異業態への転換」が可能になりました。その結果、図表５に見られるように、信用組合業態を（不幸な）代表例として、「適者生存原理」による「淘汰」の圧力に信金・信組・相銀３業態がさらされるようになったのでした。

図表５が示すように、合併・転換法施行後１９７６年度までの信組業態の①異種被合併と②異種への転換の件数は、３業態中でも突出して多いものでした（①が31件、②が４件）。同表がカバーする約８年半の間に、計35組合もの「仲間」を失ったのでした。これは同表の上方にある信用組合間の同種合併25件よりも多く、同種合併が圧倒的に多かった信金業態と比べ、ずいぶん深刻でした。

相互銀行はといえば、同種合併はほとんど起こらず、異種合併でも信組・信金を「吸収合併」する側でした。しかし「有力相銀に限って〝普銀成り〟してしまう」ことが業界を揺るがしました。同表の「転換」の部にある１９６８年度の「相銀

図表５　合併・転換法※後の３業態の合併・転換の推移

※1968年６月施行　　（1976年度まで、実行ベース）

	年度	68	69	70	71	72	73	74	75	76	計
同種合併	相互銀行				1						1
	信用金庫	1	10	7	13	2		8	4	2	47
	信用組合	1	3	1	4	5	5	4	2		25
	計	**2**	**13**	**8**	**18**	**7**	**5**	**12**	**6**	**2**	**73**
異種合併	普銀・相銀									1	1
	普銀・信組							1			1
	相銀・信金		1			1					2
	相銀・信組		1	4	2	5	6	1			19
	信金・信組	1	5	1		4			1		12
	計	**1**	**7**	**5**	**2**	**10**	**6**	**2**	**1**	**1**	**35**
合併総合計		**3**	**20**	**13**	**20**	**17**	**11**	**14**	**7**	**3**	**108**
転換	相銀⇒普銀	1									1
	信組⇒相銀			1							1
	信組⇒信金		1			2					3
	計	**1**	**1**	**1**		**2**					**5**

出所：全国信用金庫協会（編）『信用金庫25年史』[1977]、452頁の表（原データ『銀行局金融年報』）に基づき、筆者作成

⇓普銀」1件は、当時ダントツの業界最大手であった日本相互の「太陽銀行」(都市銀行、1973年に神戸銀行と合併し太陽神戸銀行に)への業態転換でした。

また同表の「異種合併」の部にある1976年度の「普銀・相銀」1件は、青森県の青和銀行・弘前相互の合併による「みちのく銀行」の誕生でしたが、このケースでは業況不振の青和銀を弘前相互が「実質救済合併」する「お手柄」(大蔵省に対しての)によって〝普銀成り〟できるようだとの「風の噂《うわさ》」が、相銀業界に波紋を拡げました。大手相銀の一部が「中位クラスの弘前に先を越された」と浮き足立つとともに、業界内で「普銀化志向」が巻き起こるきっかけにもなりました(詳しくは第21講で述べます)。

以上見てきた「金融効率化」政策は、確かに信金・信組・相銀3業態に大きなプレッシャーを与え、各業態がそれぞれ「業態としての生き残り策」を模索することを促したのでした。

(1)橋本寿朗ほか[2019]、『現代日本経済(第4版)』、有斐閣、81−82頁
(2)同、84頁
(3)本講の以下の部分は、次の拙稿の29−43頁をベースにしています(本講で省いた参照文献等についても同稿をご参照):由里[2022b]、「『金融効率化』行政と『業態理念冬の時代』に差し掛かった相銀・信金・信組」
(4)小林桂吉[1979]、「統一経理基準とその考え方(下)—金融効率化への道—」(戦後銀行行政史(八))、『ファイナンス』、第14巻12号、1979年3月、67頁(4.(a)内の引用文・節についても)

第6講

存続戦略を模索する信金・信組・相銀3業界
――銀行の中小企業融資攻勢・〝大衆化〟攻勢の中で――

1．銀行の中小企業貸出スタンスの積極化

第4講の2．で、1950年代から60年代にかけて、中小企業は銀行（特に都市銀行）にとって、大企業貸出で資金が余ったら貸す「調整弁」のような存在だった（**「借り手の二重構造」**）、と述べました。この状況は1960年代の終盤頃に変化を見せ始め、元々地元地域の中小企業を重視していた地銀業界（「財務良好」または「老舗《しにせ》」の企業を好む傾向はありましたが）は言うに及ばず、都銀業界でも中小企業取引を恒常的に大事な融資分野の一翼に位置づける銀行が増加していきました。

そもそも「借り手の二重構造」は、都銀などの目からは中小企業一般の財務基盤や業況の先行きに不安があることにも由来していました。その見方には、第4講の2．でふれたよう

に中小企業一般が「立ち遅れていた」状況（大企業部門と中小企業部門の「二重構造」）においては、ある程度「実態的根拠」もあったわけです。

しかしながら、この「二重構造」自体、1960年代の終わり頃には薄らいでいき、中小企業の中にも近代化・効率化を成し遂げたり、競争力のある製品・サービスを有するものが少なからず見られるようになりました[1]。この傾向は1970年代にかけてさらに進み、中小企業が一般的に「弱小」とは限らなくなったばかりか、大企業をしのぐような将来性を持つ企業群（ベンチャー企業）も現れるようになりました[2]。

前述の都市銀行の戦略変化は、このような中小企業の実態的変化にそれら銀行

ワンポイント図解 ――「取引振り」と「実質金利」[3]

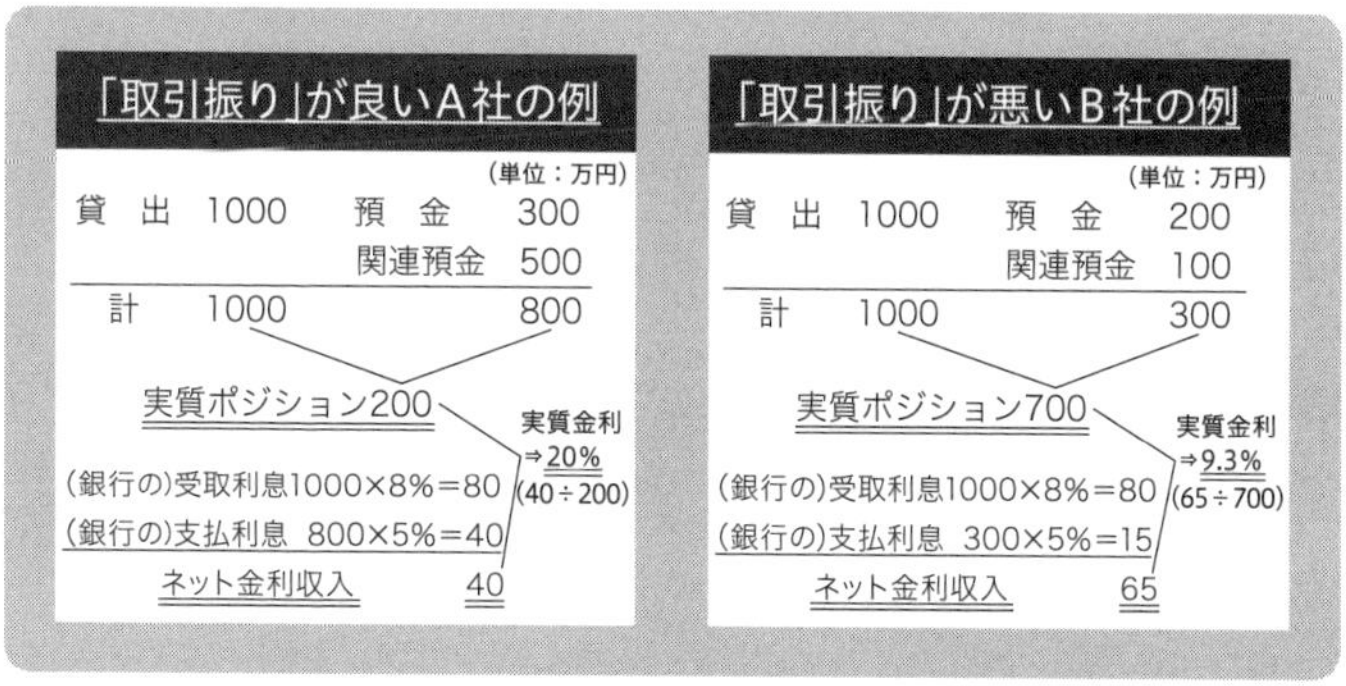

当時の銀行も信金なども、「その企業のために実質的にどれだけの額の資金が要るのか」という「実質ポジション」で**「取引振り」**の良否を判断していました。A社のように、会社預金プラス関連預金の**「歩留まり」**が多ければ、銀行の実質ポジションは少なくなり、まだまだ「預金不足」であったこの時代、金融機関としては有難いことでした。A社は、貸出残高は1000万円あるのに実質ポジションはたった200万円で済み、しかもそこから40万円のネット金利収入が得られますので、**実質金利**（ネット金利収入÷実質ポジション）は20%と、相当良い「資金効率」の取引先ということになります。

が気付いたことの表れでした。「次第に中小企業貸出の…メリットに気がつき、規模の大小と質の良否を混同していた従来の考え方について反省が見られるようになった[4]」と、1971年に国民金融公庫の観察者は述べています。具体的に「中小企業貸出のメリット」とは、まず大企業より高い金利であり、また少なからぬ企業が（社長・家族の「関連預金」含め）「預金持ち」で、**「取引振り」**（前頁の「ワンポイント図解」参照）が良かったことでした。

このような都市銀行の行動の変化、そしてそれに信用金庫が圧迫を受けるような様は、図表6の1970年代以降の両業態の中小企業貸出残高シェアの動きによく表れています。

2. 3業態で異なった「銀行の下方攻勢」への対応策

以上見てきたような銀行の中小企業融資攻勢の中、「中小企業金融機関」3業態の対応はどうだったのでしょうか[5]。

都銀・地銀が元々扱いに慣れている「上位」中小企業から次第に（規模的に）降りてきて**「下方攻勢」**をかけてきた、

図表6　都市銀行の中小企業向け貸出残高シェアの推移

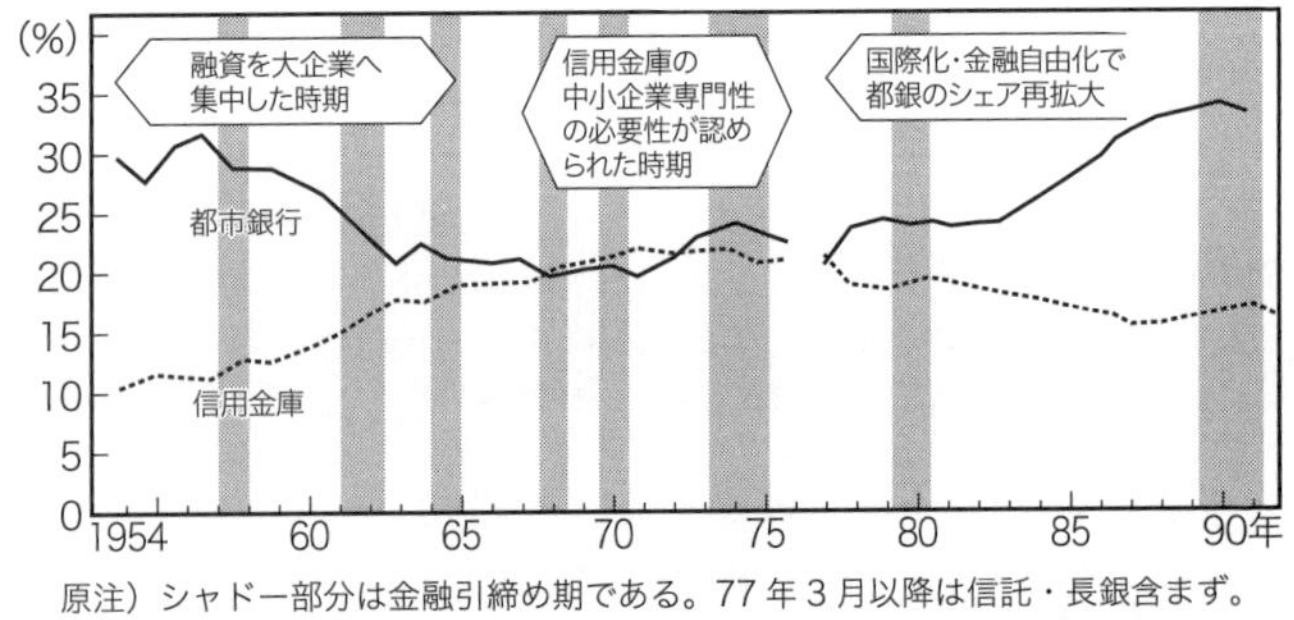

原注）シャドー部分は金融引締め期である。77年3月以降は信託・長銀含まず。
出所：平石裕一［2000］『中小企業金融を理解するために』（地域産業研究所）、42頁
（原出所：『全国信用金庫25年史』［1977］など）

という大まかな図式からすれば、「融資取引先の平均規模の大きさ」の順に、相銀・信金・信組の順で影響が大きかったのでは、ということになりますが、事実はもう少し複雑でした。

ここで、そもそも相銀・信金・信組3業態はそれぞれ、おもにどのような規模の中小企業取引先を融資対象にしてきたのか、1950年代からの概略を図表7を参照しつつ見てみましょう。

相互銀行という業態は70余りの行数ながら、五百数十を数えた信用金庫業態とほぼ同規模の総資産を持っていましたから、一行一行は概して信用金庫よりかなり大きい規模でした。それでありながら、第2講で簡単に述べたように（より詳しくは第18講で見ます）「無尽」というごく零細な庶民間の相互金融をルーツにしていたため、図表7の1955年の行にあるように、信用金庫より平均的に小さく数としては多い、「中小」という

図表7　都銀・地銀・相銀・信金業態の中小企業貸出先数および1先当り貸出残高の推移

単位：千件、千円

各年3月末	都市銀行		地方銀行		相互銀行		信用金庫	
	貸出先数	1先当り貸出残高	貸出先数	1先当り貸出残高	貸出先数	1先当り貸出残高	貸出先数	1先当り貸出残高
1955	210	2,051	498	905	1,466	208	589	291
1960	282	3,756	642	1,592	1,317	561	864	602
1965	313	6,823	769	3,259	757	2,851	1,002	1,863
1970	614	6,931	1,221	4,170	735	5,610	1,337	3,526
1972	649	9,558	1,265	5,382	704	8,405	1,444	4,603
1974	707	16,304	1,265	8,913	701	12,314	1,440	7,190
1976	不明		1,194	11,008	674	16,292	1,423	9,148
1978	769	25,456	1,280	13,860	不明		1,476	10,296
1980	771	30,955	1,291	16,730	896	18,210	1,517	12,344
65/60比	1.11	1.82	1.20	2.05	0.58	5.08	1.16	3.09
70/65比	1.96	1.02	1.59	1.28	0.97	1.97	1.33	1.89
74/70比	1.15	2.35	1.04	2.14	0.95	2.20	1.08	2.04
80/74比	1.09	1.90	1.02	1.88	1.28	1.48	1.05	1.72
80/60比	2.74	8.24	2.01	10.51	0.68	32.46	1.76	20.50

出所：由里［2023b］「1970年代相互銀行業界の戦略的迷走」、13頁

よりはむしろ「小零細」規模の諸企業をおもな融資先にしていたのでした。

しかし、図表7の1965年以降の推移が示すように、相銀業態の1先当り貸出残高は他業態との比較で急速に大きくなっていき、1965年に信金業態より大きくなり、1970年には地銀業態をも上回ります。詳しくは第20講で見る**「取引層のレベルアップ」**という、(零細先を切って)「中堅・中小」規模の企業を主な融資先とすることを目指す動きでした(但し相銀諸行の間で温度差もありました)。

しかしながら、相銀がメインバンクとして支援してその企業が成長した場合を除き、「中堅・中」の規模の企業には当然すでにメインバンク(多くは都銀・地銀)がありましたから、相銀は「取引層のレベルアップ」により、必然的に「融資先全企業のなかでメイン(の座を取っている)先が占める比率」(**「メイン先比率」**)は低下してしまうことになりました。

それでも、第4講でみたように「借り手の二重構造」がはっきりしていた1960年代には、中堅・中企業も「新参者」の相互銀行の融資の誘いを有り難く思うことが多かったでしょう。しかしその一方、中味の良い会社ほど都銀・地銀もメインの座を譲らず、相銀は「二番行」・「三番行」などの地位に甘んぜざるを得ないことが多かったのです。

先に、1970年頃以降に3業態に何が起こったのかの「予想」として、「都銀・地銀が元々扱いに慣れている『上位』中小企業から次第に(規模的に)降りてきて『下方攻勢』をかけてきた、という大まかな図式からすれば、『融資取引先の平均規模の大きさ』の順に、相銀・信金・信組の順で影響が大きかったのでは」と述べました。それは相銀についてそのとおりであったばかりでなく、そもそも相銀は中堅・中企業については「二番行」・「三番行」の場合も多く、メインの座の都銀・地銀は「攻勢」をかける努力さえ不要で、相銀のシェアを引き落とすことができたのでした。

図表7に戻って、信金業態の動きを見ましょう。信金業態の場合、(例外はあったにせよ)「取引層のレベルアップ」が目立ったかたちで行われることはなく、図表7で1965年以降、貸出先数は4業態中最大を保ち続け、1先当り貸出残高は最小であり続けました。信金業界の中央組織、全国信用金庫協会(全信協)は、1970年代にはむしろ**「小口多数主義」**を諸金庫に勧め、図表7で1970年代に信金の1先当り貸出残高が対地銀比較で相対的に小さくなったのは、その表れとも思われます。

そのような信金業態でも、銀行の「下方攻勢」が一層(企業規模的に)下へと降りてきた1970年代後半には、「銀行に取られた」との声が多く聞かれるようになりました。しかし中・小・零細どの企業規模でも「メイン先は大事にし続ける」という融資の基本方針を大事にし続けた信金業態は、相銀業態と比べれば「メイン先比率」を保つことができたのでした。

信組業態はと言えば、元々「小・零細」規模の企業について独自の面倒見の良さを持っていたこと、また銀行、特に都銀の「下方攻勢」はそれら企業にまでは及びにくかったことは幸いでした（但し好んで「上方攻勢」を掛けていた信組は銀行・相銀の巻き返しでダメージを受けました）。しかし上記の信金業界の「小口多数主義」推進による信金の「下方攻勢」の影響はありました。

また、1970年代以降は、次に述べるコンピュータ化の要請が、総じて規模が小さい諸信組に重い課題としてのしかかり、コンピュータ化の遅れで預金の伸びが鈍り、そのため融資の伸びも抑えられてしまうといった場合もありました。

3．コンピュータ化に支えられた銀行の「大衆化」戦略と3業態の対応

今では、金融機関一般で事務処理や顧客サービスのためのコンピュータ利用はごくあたりまえのことになっています。しかし、おおむね1964年以前はコンピュータの利用はごく限定的で、たとえば普通預金口座ごとの金利計算などは算盤《そろばん》と「人海戦術」でこなしていました（余談ですが、筆者が1984年に銀行に入った時、まだ新入行員は研修の一環として札勘《さっかん》・算盤試験を受けねばならず、〝積数＝残高×日数〟という金利計算の「昔話」をベテラン役席から聞かされたものでした）。

それが1960年代の後半に入ると、都市銀行が先陣を切って銀行のコンピュータ化が急速に進展していきました（図表8）。

コンピュータ化により、都銀、次いで地銀・相銀の上位行は、従来ならば採算が合わなか

った小口・多数の個人客につき、彼(女)らを相手にしても割に合うようになりました。1960年代・1970年代はまた、庶民層の個人一般の所得・金融資産が顕著に伸びた時代で、彼(女)らの金融顧客としての将来性をも見込んで、それら銀行は熱心に**「銀行の大衆化」**を標榜《ぼう》し、「大衆向け」の商品・サービスを開発し売り込んだのでした。

高度成長期における「銀行の大衆化」は、多分に「(大)企業向け貸出のための資金集めの便法」という側面もありました[6]。しかし1973年秋には**第1次石油ショック**が起こり**高度成長期が終わり**、途端に大企業の旺盛な資金需要も下火となりました。それに

図表8　銀行業務のコンピュータ化と「大衆向け」商品・サービスの登場

年(西暦の下2桁)		事務機械化	(「大衆向け」サービス)為替・口座振替	「大衆向け」商品
64以前		預金会計機・硬貨包装機など パンチ・カード・システム	電話料金口座振替 電力・NHK料金口座振替	自動車ローン 住宅ローン・教育ローン
65〜68	第一次オンライン	普通預金のオンライン処理開始	ガス・水道料金口座振替 新聞代口座振替	旅行ローン 交通傷害保険付定期預金
69〜71		現金自動支払機(CD、オフライン) 現金自動預金機(AD、オフライン) オンラインCD	定額自動送金サービス	貸越し付き定期預金 ショッピング・ローン
72〜74		店舗外CD オンラインAD 振込み通知サービス	買物代金の自動振替 全国銀行データ通信システム 国家公務員の給与振込み	財形貯蓄預金 総合口座 カード会社保証付きローン
75〜77	第二次オンライン	現金自動入出金機(ATM)設置開始	日本キャッシュ・サービス(都銀等によるCD連携) オン提携銀行間で普通預金店頭代受・払	割増金付き定期預金 年金担保融資 総合口座貸越限度額引上げ
78〜80		CD次いでATMの営業時間延長 コンピュータ音声応答サービス ATMによる振込みが可能に	全銀データ通信システム拡大 大規模な銀行間CD提携	新型積立預金 年金方式受取型預金
81〜83		ATMで定期預金が可能に 企業内CD・ATM		クイック・ローン 財形個人年金

出所:『信用金庫40年史』[1992]、420-421頁の表より抜粋、表題・用語を一部変更
(原出所[1982年まで]:三井銀行『調査月報』昭和58年5月)

伴い、「大衆化商品」の代表格であった**住宅ローン**は、銀行にとり本当に主要商品の一翼を担うようになっていきました。

加えて、銀行内オンライン・システム、CD（キャッシュ・ディスペンサー［現金自動支払機］）・ATM（現金自動入出金機）、さらには銀行間データ通信（銀行間の自動決済システム）といった「技術革新の波」はとどまることを知りませんでした。巨額の設備投資資金を投じてそれらを装備した大手銀行としては、（真に〝大衆〟のことを考えているかどうかはさておき）手にしたシステム・自動化機器を「有効活用」するためにも、商品・サービス面での「銀行の大衆化」を進めていったのです。

そして、地銀・相銀業界が「都銀よりも大衆に身近なのは我々だ」と大手行に負けじと続き、信金業界も「バスに乗り遅れるな」と追いかけ、1970年代前半に全国7地区制の共同事務センター構想を推進し、昭和51年までに稼働させました。[7]「隠れた巨大金融機関」であった郵便貯金もまた、1970年代に全国的なオンライン網を築いていきました。[8]

かくして1980年頃までには、オンライン網や入出金自動化機器は金融機関に不可欠な装備となっていきました。そして銀行が機械装備の助けで小口の預金・決済・融資の顧客を相手にすることを「得意技」にしたことで、個人顧客の面でも信金・信組・相銀は銀行の「下方攻勢」にさらされることになったのでした。

コラム③「給料袋」から給与振込み&キャッシュカード引出しへ

1970年代半ば頃から、3.で見たような銀行などの「技術革新の波」を背景に、それまでの「給料袋」から給与振込み（金融機関用語で**「給《きゅう》振《ふ》り」**）への切り替えが急速に進み出しました。大企業人事セクションにメインバンク都銀が働きかけて「給振り」を進めたほか、1974年末には国家公務員の「給振り」（当初は中央官庁の管理職と一般職希望者が対象）も始まりました。

1970年代半ば頃はまだ、全勤労者中の「給振り」実施率は推定10%程度でしたが[9]、公務員に関してはその後各省庁の出先機関や地方自治体にも波及していき、また民間事業所でも1977年頃には4割近くの実施率になっていました[10]。

「給振り」の始まりのきっかけとして、しばしば1968年12月の「3億円強奪事件」（輸送現金の使途が工場のボーナス資金だった）により「現金輸送リスク」が認識されたから、と言われます。それもあったでしょうが、何と言っても銀行のオンライン網・入出金自動化機器の普及が、サラリーマン・公務員たちにとって決定的な納得要因だったのでしょう。銀行の機械化装備がなければ、「何で自分の給料なのに、わざわざ平日9～15時の窓口時間に取引銀行に行って（そもそも行けるか！）待たされなけりゃならないんだ！」と、彼（女）たちは大変怒ったに違いありません。

実際、**「給料袋」**もなかなかしぶとかったのです。筆者も銀行支店勤務の１９８５年頃、「ここの社長は、社員に〝給料の有り難み〟を伝えるのは〝給料袋〟しかない！と譲らない」（しかも同社は優良先）とのことで、せっせと「袋詰め」をしたこともあります。

しかし「戦後昭和」の後半期、やはり着々と、日本中で「給料袋」は「給与明細」の一枚紙、また普通預金通帳上の〝給与〟金額印字へと、置き換わっていったのでした。

（１）植田浩史［２００４］、『現代日本の中小企業』、岩波書店、第2章
（２）清成忠男・中村秀一郎・平尾光司［１９７１］、『ベンチャー・ビジネス』、日本経済新聞社
（３）銀行研修社（編）［１９８１］、『貸出案件取扱実務必携』、銀行研修社、140－144頁、および筆者の融資審査担当者としての知見に依《よ》る
（４）木村泰三［１９７１］、「経費上昇がもたらす都銀の中小企業向け積極策」、『金融財政事情』、１９７１年10月11日、19頁
（５）2．の以後の記述は、主として次の拙稿の12－14頁（相銀業態）および26－32頁（信金業態）をベースにしています（本講で省いた参照文献等についても同稿をご参照）：由里［２０２３b］、「１９７０年代相互銀行業界の戦略的迷走」
（６）大山綱明［１９７２］、「銀行大衆化の新たな展開」、『金融財政事情』、１９７２年7月17日
（７）『信用金庫60年史』［２０１２］、158頁

（8）佐々木伸虔［1982］、「1万2000局に拡大した郵貯オンライン」、『金融財政事情』、1982年4月5日
（9）「中小金融機関へ波紋を投げる公務員給振り」（金融経営の窓）、『金融財政事情』、1974年11月11日
（10）三井銀行調査部［1977］、「給与振込、財形貯蓄、年金振込について」、『調査月報』、1977年6月

第7講

1980年代の金融自由化とバブル経済の到来

1. 日本の強くなりすぎた経済力と「外圧」による金融自由化・国際化

1973年秋に始まった第1次石油ショックは、先進諸国に経済成長の鈍化とインフレとをもたらしました。しかし日本経済は相対的に早く立ち直り、1980年前後には米・欧が日本の輸出競争力を警戒するほど、日本経済の国際的プレゼンス（影響度・存在感）は高まりました。

米国は日本市場の「参入障壁」を問題視し、「米国は日本の企業・金融機関に自由な活動を認めているのだから、日本も米国の企業・金融機関に自由な活動を認めるべきだ」との（米国流解釈による）「相互主義」に立ち、1983年頃からは特に**「金融開国」**を求めてきました。(1)

第5講で見たように、大蔵省は1960年代後半以降「金融効率化」を進め、そこでは日本の金融機関（特に都市銀行・長期信用銀行などの「大手行」）の国際的展開のための規制緩和もなされました。その一方で、銀行・信託銀行・長期信用銀行・証券会社という「金融業態」各々が自らの業務分野を他業態に荒らされないようにするための「業務分野規制」ないしは「垣根規制」も存続させていました。第5講の4．で「中小企業金融機関」に対し「護送船団方式」（弱い船でも生きられるようにする）の行政運営方式があったと書きましたが、その方式は大手金融業態に対しても取られていたのでした。

しかしながら「日本経済が急速に強くなりすぎた」ことにより貿易摩擦が激化し[2]、日本の対外資産が急速に積み上がるにつれて日本の大手銀行・証券会社の国際的プレゼンスが高まって、前述のように米国をはじめとした「金融開国」の要求が激化しました。そして、1983年11月のレーガン米大統領来日、1984年5月の日米円ドル委員会報告、1985年6月の金融制度調査会「金融自由化」答申、同年9月の五カ国蔵相会議（G5）における**「プラザ合意」**と、2年足らずの間に重要なイベントが相次ぎ、日本の**金融の自由化・国際化**は「帰らざる河」（戻ることのない流れ[3]）になったのでした。

2．「民活ブーム」「プラザ合意」そしてバブル経済へ

前述の「プラザ合意」は、おもに米国産業を助けるために「ドル高是正」を謳《うた》ったもので、それにより1985年9月以降円高が急進行しました（会議前の240円台が11月末には

２００円前後に）。

ここまで見てきたような「外圧」とは別に、１９８０年代前半における重要な政策の流れとして**「行政改革」**がありました。１９８０年夏に発足した鈴木善幸内閣は「財政再建」を重要目標に掲げて**「臨時行政調査会」（臨調《りんちょう》）**を立ち上げ、そのトップに就いた財界人土光《どこう》敏夫は赤字国債（当時の残高は20兆円台）を一切なくすことを目標に政府のスリム化を図りました[4]（国債発行残高１０００兆円超の状態が漫然と続く今の日本とは大違いです）。

電電公社・国鉄・専売公社の民営化（１９８５～87年、ＮＴＴ・ＪＲ・ＪＴに）と株式上場（１９８７年のＮＴＴが皮切り）とは、この「土光臨調」の成果でした。民営化を始めとする民間活力の利用（**「民活《みんかつ》」**）が政策の一大潮流になったのも同臨調の影響でしょう。国土庁は土地利用規制緩和（おもに大都市部対象）を打ち出し、１９８５年5月に「東京のオフィスは２０００年までに超高層ビル２５０棟分がさらに必要」などの内容の「首都改造計画」もぶち上げました[5]。

このような「民活」潮流の真っ只中《ただなか》に、前述の**「プラザ合意」**により「（輸出でなく）内需拡大による経済・産業・地域振興を」という政策圧力がさらに加わったことは、**「バブル経済」**につながる不幸なタイミングの一致でした。１９８７年には「リゾート法」（総合保養地域整備法の通称）が制定され、辺鄙《ぴ》な地方にまで**「土地活用ブーム」**の波が及ぶことになりました。

１．で述べた「強くなりすぎた日本経済」ゆえに元々「金余り」気味であった資金は、このような政策潮流や都市・地方を問わぬ開発ブームに煽《あお》られ、土地市場、次いで株式市場、さらにはゴルフ会員権・絵画・貴金属・中古車・洋酒など「相場」があるものすべてになだれこみました。図表９は１９８０年以降の商業地公示地価の変動率を地域別に表すもので、プラザ合意の少し前から東京都心で地価高騰が始まり、順次東京都下、大阪、名古屋、地方に投機熱が及んでいったことが分かります。

3．金融自由化・国際化とバブル経済の下の信金・信組・相銀

以上見てきたような激しい政策・経済の動きの中で、信金・信組・相銀はそれぞれ何を感じ、どう振る舞ったのでしょうか。１９７０年代からバブル経済時に至るまで、中小企業金融の世界を観察し続け

図表９　商業地公示地価の変動率の推移

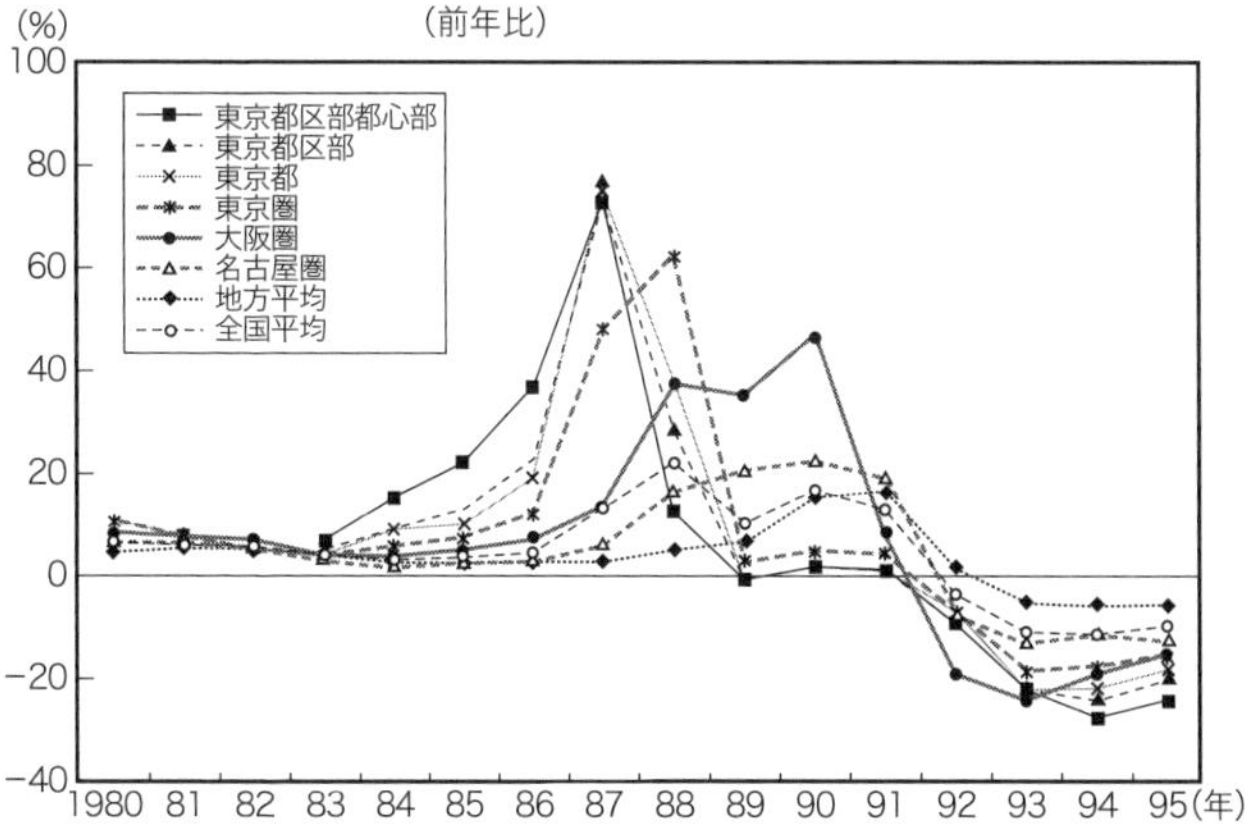

出所：竹中治堅［2005］「地価バブルへの対応はなぜ遅れたか」、村松岐夫（編）『平成バブル先送りの研究』（東洋経済新報社）、96頁

ていた山下邦男（一橋大教授）は、1986年はじめに次のように述べています。(6)

最近の金融自由化論議をみると、頭から自由化は好ましいものであるとか、あるいはアメリカの金融革新における高利回りの金融商品の創出を引用して、金融の効率化にとって、自由化は回避しがたい必然の流れだとか、とにかく自由化礼賛論ばかり目につく。（傍点は追加）

そして山下は、書評のかたちを借りながら、「金融自由化がいったいなんのために、またたれのために行なわれるのか」に関する論議の不足、特に「わが国の資本主義経済の大きな部分を構成している中小企業ないし中小企業金融制度の根本にかかわる問題」であることが見過ごされていることに警鐘を鳴らしています。

この、あたかも「金融自由化の黒船来航！」というような浮き足だったムードになったのは、1985年頃からのことでした。銀行で働きはじめたばかりの筆者は当時、その掛け声を受け身で聞くしかありませんでしたが、（ある程度前向きに自由化を受け入れた相銀業態を除き）信金・信組の両業態にしても、金融自由化の掛け声と、めまぐるしく変化する制度とを受け入れるしかない状況にあったものと思われます。

実際1986年秋には、自由金利の定期性預金の下限金額は3000万円まで下がってきて（図表10）、信用金庫などの現場でも少なからぬ数の取引先が**「金利自由化」**の恩恵を求めるようになりました。その動きは金庫収益を圧迫するようになり、「受け入れるかどうかではなく、どう対応して生き残るかだ！」という議論が優勢にならざるを得ませんでした。

今日では、預金の種類・期間ごとの金利を個々の金融機関が決めることは当然の「常識」です。しかし戦後長らく、都銀から信組・農協に至るまでの諸金融機関の役職員たちにとり、臨時金利調整法（1947年）による**「規制金利」**は（同法の「臨時」の名にもかかわらず）「常識」そのものでした。彼（女）らにとっては、**「自由金利」**と聞くだけで、次の引用文（1986年7月の金融雑誌

図表10　金利自由化の推移
（金額は最低預入額を意味）

（西暦下2桁）年　月	（譲渡性預金）C　D	（市場金利連動型預金）MMC	大口定期預金	小口MMC
79年5月	導入，5億円			
84年1月	3億円			
85年4月	1億円	導入，5000万円 金利：CD−0.75%		
85年10月			導入，10億円	
86年4月			5億円	
86年9月		3000万円	3億円	
87年4月		2000万円，2年物の金利：CD−0.5%	1億円	
87年10月		1000万円		
88年4月	5000万円		5000万円	
88年11月			3000万円	
89年4月			2000万円	
89年6月				導入，300万円
89年10月		（大口定期に吸収，自然消滅）	1000万円 （大口金利の自由化完了）	

注①小口定期預金：91年11月に下限300万円で導入。93年6月に金額制限がなくなり金利完全自由化（3年以内の期間制限残るが、それも95年10月に撤廃）。
注②　流動性預金　：92年6月に新型貯蓄預金導入。94年10月に金利完全自由化。
出所：西村吉正［2003］『日本の金融制度改革』（東洋経済新報社）、224頁の表の1989年までの部分を簡略化、1990年以降については注①②として簡記

「体験支店長学入門」コーナー(7)にあるように、異世界に放り出されたような感覚を覚えたのです（余談ですが、今はありふれた「スーパー定期」の名称［1991年］も、「規制金利の定期預金ではなく何と（！）自由金利です」という語感を盛り込んだものでした）。

「規制金利預金の世界」が、「自由金利預金の世界」へ劇的変化を遂げた今日の状況は、いってみれば、相撲の土俵が、レスリングのリングに変わってしまったようなものである。相撲の取り口が通用しなくなったのである。だから営業店現場における〝ブルーカラー〟の惑いは深刻である。

規制金利の時代には、全金融機関の預金金利が同じ「公定レート」でした。しかも「護送船団行政」にあっては、大蔵省は「どの金融機関も生き残れるように」と低めの「公定レート」を設定してくれていました。その条件下では、汗水たらして預金さえ集め続ければ——右の引用文の〝ブルーカラー〟にはその「古き良き時代」の働きぶりのイメージもあります——金融機関の収益（＝給料の源泉）は確保できる、それがそれまでの「相撲の取り口」だったのです。

4．昭和の終わりとともに「解散」した「〝中小企業金融機関〟3業態」

もっとも、「相撲の土俵が、レスリングのリングに変わる」、それが完了した――すなわち小口定期預金・流動性預金を含めた金利が完全自由化された――のは1990年代半ばのことでした（図表10の注①②参照）。「はじめに」でも述べたように、「昭和」の終わりまでをカバー範囲とする本書にとり、「レスリングのリングに変わった後」について述べるのは荷が重すぎ、実際「昭和末〜平成初のバブル」という現象は、中小企業金融機関の出来事に限っても一冊の本が必要になる重たいテーマでしょう。

ということで、話を「昭和」すなわち1988年頃までに限りたいと思います。その場合でも、「〝中小企業金融機関〟という共通性を持った3業態」を論じるという、本書第1部（概説）で取ってきた話の仕方が、1980年代についてはやや難しくなっていきます。第21講・第22講で述べるように、1970〜80年代を通じて相銀業態は「普銀化」を大変重要な目標に掲げ、名称から〝相互〟を取り払おうと大蔵当局に掛け合うとともに、経営内容的にも「普銀化」を目指しました。1987年12月にはとうとう、相銀業態が普通銀行に大挙して転換すること（1989年には第二地方銀行協会発足）が本決まりになります。かくして、ほぼ「昭和の終わり」とともに「中小企業金融機関3業態」は「解散」します。その後は、信金・信組の2業態が金融行政的・制度論的に**「協同組織金融機関」**として仲間分けされるようになりました。

１９８０年代はそのような変化をたどりつつも、なお「昭和の終わり」までは、相銀業態を含め、「中小企業や庶民層の人々こそ最も大切な顧客層と考える」という**「庶民金融機関の血（理念）」**は脈打っていたように思われます。

5．「庶民金融機関の〝足腰〟」の強弱がその後の明暗の分かれ目になった

その後１９９０年代が進むにつれ、（元）３業態においても、第二地銀、次いで信用組合、そして（数は少なめながら）信用金庫でも、**「バブル崩壊」**のもと業況が極端に悪化し最悪の場合破綻する事例があちこちに出るようになりました。**「平成金融危機」**の一端をなすこの出来事につき、前述のように本書では本格的に論じることはできませんが、昭和戦後の時期を丹念に見てきた筆者として、「その後の明暗の分かれ目」に関して少し「仮説」を述べてみたいと思います。

第６講の１．と２．で見たように、関連預金を含めた預金の「歩留まり」（預金額÷貸出金額）が良い「メイン先」企業は、貸し手金融機関にとっての実質的な収益性を高めてくれます。このことは、自由金利預金の比率が上がろうと、少なくとも「昭和」のうちは３業態ともに有効な戦略でした。

もっとも、金融自由化とは別に１９７０年代以降の銀行の「下方攻勢」（第６講１．２．）があり、３業態ともに「メイン先」が奪われるプレッシャーにさらされていました。しかし

第6講の2.で見たように、信金業界は意識的な「小口多数主義」戦略により、銀行の「下方攻勢」にさらされにくい、いわば**「真に得意とする〝メイン先〟領域」の確保**に努めました（詳しくは第12講）。

それとは対照的に相銀業界は（取引先企業の規模が信金より大きめだったことも災いして）銀行の「下方攻勢」に対し業界としては有効な戦略を打ち出すことができず、前述のように「普銀化」に活路を求めました。しかしそれにより都銀・地銀と取引先の重なり度合いが増すことで、「メイン先」確保という目的のためには逆効果となった可能性も否めません。

もちろん「業界の戦略の欠如＝個別行の戦略の欠如」では決してありません。第22講で見るように、1989年のはじめの「普銀転換」を間近に控えた時期に「決して中小企業から離れない、むしろ〝メイン化〟に一層力を入れる」と断言した社長（近畿相互）もいたのです。そして同行（近畿銀行を経て現在の関西みらい銀行）や栃木相互・名古屋相互（第20講参照）など、「中小企業こそ真に得意とする〝メイン先〟領域」という自覚・実践からブレなかった旧相銀は、バブル経済も金融自由化も乗り越えて存続し続けることができたのです。

このように見てくると、「庶民金融機関の血（理念）」を「中小企業こそを当行（庫・組）が真に得意とする〝メイン先〟領域とする」という実践へとつなげることが大事と思われます。実際、個人先を含め「十分な数の〝メイン先〟」こそが**庶民金融機関の「足腰」**（資金・収益性の源泉）であり続けたのであり、この認識は現在でも通用するでしょう。

6. 庶民金融機関の「リレーションシップ」には、やはり価値がある

本書第1部全体の結びとして、「都銀の誘い 対 信金のリレーションシップ」の逸話を紹介しましょう。時はバブルの終了期（すでに「平成」）、ある肉屋さんがバブル期に流行《はや》った「ペンシルビルを建てましょう」との誘いを受けましたが、信金マンの一言で目を覚ました話です。[8]

［19］92年春。東京都内の信用金庫の渉外担当が杉並区内の肉屋に行くと、主人から拓銀の名刺を出された。「都銀さん［北海道拓殖銀行］がうちに来たんだよ」。15平方メートルの平屋の店舗をビルに改築しないかという話だった。1億円は面倒をみるとも言われた。

「肉屋やりながらそんな大金返せるの。しっかりしてよ。改築資金ぐらいならこっちが出してあげるから」。

信金マンの一言で、主人は融資話を断った。（傍点は追記）

筆者自身、バブルの中頃まで大阪市内の都銀店舗で事業融資の稟議《りんぎ》書き（融資申請書作成）をしていました。その頃流行《はやり》の「土地有効活用」ビル建築資金に関しても多少の経験がありますが、〝15平方メートル〟の〝超〟ペンシルビルはさすがに聞いたことがありません（大

阪と東京の違いもあるためか）。上記の融資話は、時期も含め「不良債権化間違いなし」と思われます。

しかし幸いにも、信金マンは「しっかりしてよ」の一言で肉屋の主人を我に返らせ、主人も素直に聞き入れました。そのベースには、貸し手と借り手との**「リレーションシップ（長年のつきあい・信頼関係）」**が確かにあったはずです。研究者というよりは元融資マンとしての直感ですが、即座に「しっかりしてよ」という言葉が出る、その裏打ちとして、その信金マンが体得していた「信金らしい融資とは何か」という理念、小零細企業を見る熟練した眼の存在を感じます。

庶民金融機関の「リレーションシップ」には、やはり価値があり、庶民金融機関には存在意義がある――これが本書全体を書き終えての筆者の「感想」で、本書「終講」において再度取り上げたいと思います。

（1）重松暢（記者）［１９８４］、「アド・ホック委員会の表と裏」（ワシントン現地レポート）、『金融財政事情』、１９８４年２月27日

（2）野火四郎（官僚の匿名寄稿か）［１９８２］、「いまこそ金利自由化の青写真を描くべし」、『金融財政事情』、１９８２年４月12日（引用箇所は22頁）

（3）羽倉信也（第一勧銀頭取）［１９８３］、「『金利の自由化』は時代の趨勢――〝帰らざる河〟に立つ二つの岩」、『Will:中央公論経営問題』、１９８３年４月（その後、同著者は１９８５年度全銀協会長に就き「金融自由化は〝帰らざる河〟」と意見表明）

（4）中村隆英［２０１２（１９９３）］、『昭和史（下）』、東洋経済新報社（引用箇所は832頁）

（5）日本経済新聞社（編）［２００１］、『検証バブル犯意なき過ち』、日本経済新聞社、３章

（6）山下邦男［１９８６］、「書評：『日本の金融構造研究――金融自由化・光と影――』森静朗著」、『金融財政事情』、１９８６年１月27日

（7）「新商品を知り、まず〝やってみる〟」（体験支店長学入門――自由金利商品編①）、『金融財政事情』１９８６年７月21日

（8）北海道新聞社（編）［１９９９］、『拓銀はなぜ消滅したか』、北海道新聞社、43頁

第2部　信用金庫の前史と戦後史

――そのルーツ、あゆみ、〝事件〟――

第8講

産業組合から分かれ出た市街地信用組合
――目指すは「相互扶助的協同」か「近代的金融機関」か――

1．実は筆者もよく分かっていなかった「協同組織」

２０２２年度まで、千葉県鎌ケ谷市にある（正確には「あった」）全国信用金庫研修所で、新任の支店長諸氏のための「支店長講座」の一部であった「理念講座」を10年近く受け持っていました。「信用金庫は株式会社でなくて一種の組合で、それゆえ株主を儲《もう》けさせるための株式会社銀行と違い、利益追求のための組織ではありません」、と何十ぺんも言ってきました。

しかし、実は信用金庫法には信用金庫のことを「組合」と規定する条文がなく「協同組織による信用金庫の制度」という語句だけがあり（第1条）、その点、根拠法の名称自体に「協同組合」の語がある信用組合（第13講）と大きく違っています。それで、筆者は研修所講義室で「一種の組合」としゃべるたび、「これでいいのかなぁ」と迷いを感じていたのです（もちろん講義を進めるには「切替え」が大事で、次の瞬間には忘れていたのですが）。

一方、業態の「系図」的には、信用金庫は明らかに「産業組合」から枝分かれしたものです。どこで、どのような議論や制度設計により、信用金庫は**「（協同組合ではない）協同組織」**になり、そしてそれは協同組合とどう違うのでしょうか。

この謎解きには、ちょっとねじり鉢巻きをして取り組まねばならず、戦前（本講）と戦後すぐ（次の第9講）に分けて2回[(1)]を要します。しかし、そのようにじっくり経緯を語ることで、1951年に「信用金庫」という新しい業態名・看板を感慨をもってながめた、当時の先輩達の熱い思いをお伝えすることができるでしょう。

2. 戦前、産業組合の「傍流」に置かれた市街地信用組合

次頁の図表11は、1950年前後に（戦後版の）信用組合そして信用金庫が相次いで誕生するまでの、関係する諸組合制度の変遷図です。「信用金庫の部」が始まっていきなり、読者に「もっと簡単な図はないの？」といやがられてしまいそうな図ですが、筆者なりに探して最も分かりやすく、かつ正確なものを掲げました。

戦後信用金庫になった金融組織は、典型的には、図表11の「大正6年（1917）」の行にある**「市街地信用組合」**でした。これは「信用組合」の一種ですが、「指定市街地」（市制

図表11　信用金庫・信用組合に関係した諸組合制度の変遷図

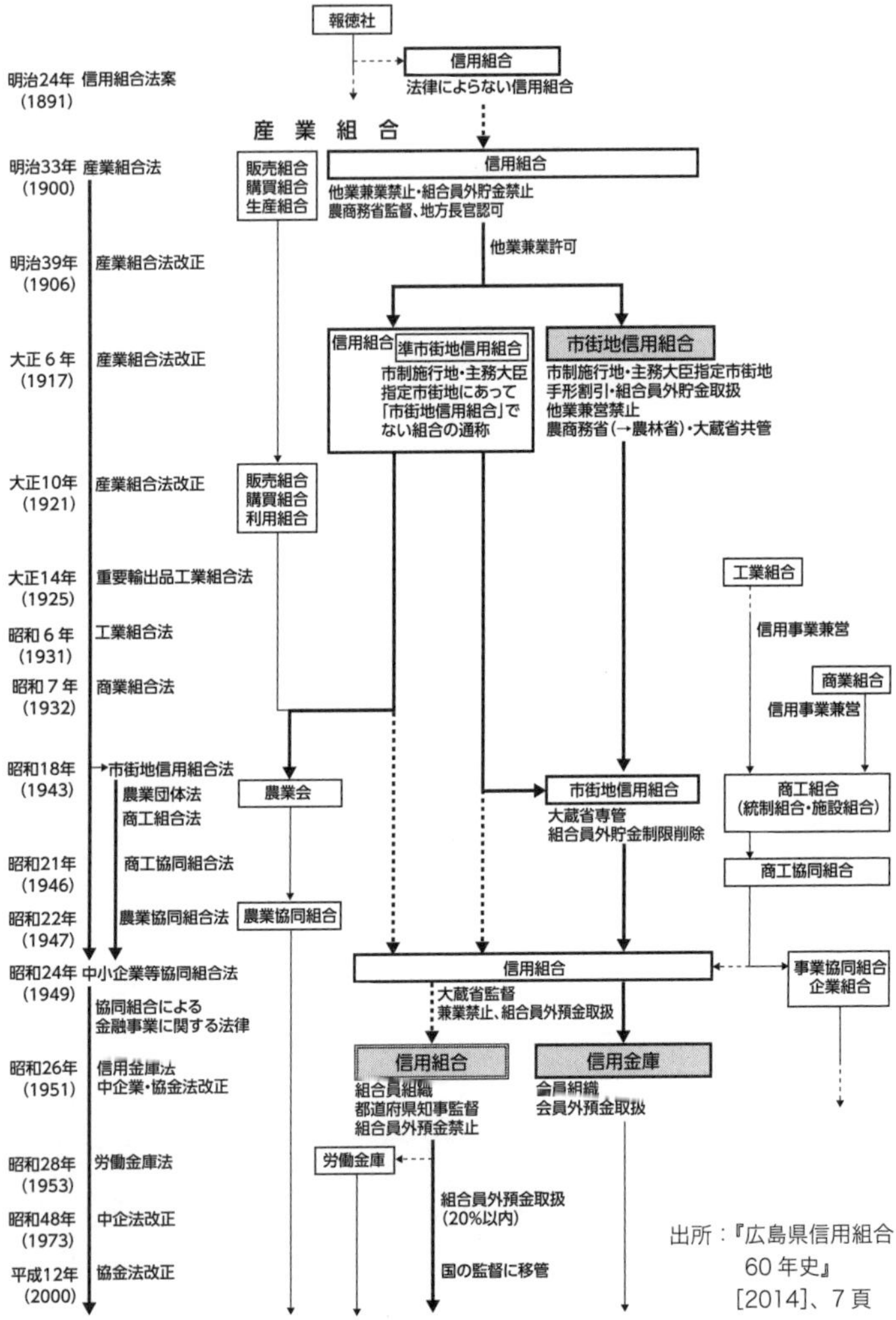

出所：『広島県信用組合60年史』[2014]、7頁

施行地とそれに準じる都市化地域）にあり、しかも「信用」事業に特化して他業（購買・生産・販買の3事業）を禁じられた、より金融機関色の強い組織でした。

同じ「大正6年（1917）」の行に「産業組合法改正」とあるように、そもそも「信用組合」は「産業組合」の一種でした。昭和戦前・戦中期（1925〜45年）における「産業組合」の典型は、農村部で「4種（購買・生産・販売・信用）兼営」の**「産業組合」**（信用事業に関しては**「信用組合」**と呼ばれた）で、今のJA（農業協同組合）をイメージすればいいでしょう。

数のうえでも農村部の産業組合は1万を越え、わずか300弱の数の市街地信用組合は非常にマイナーな存在でした。数のうえでマイナーであるうえに、組織的には「産業組合中央会」という巨大かつ政治力のある組織に（産業組合法を根拠法とするがゆえ）属していて、しかも農村部の産業組合は市街地信用組合を「気が合わない傍流」と見る傾向もありましたから、市街地信用組合の肩身は大変狭かったでしょう。

3. 産業組合の「相互・協同」の理念と市街地信用組合の「独立心」の芽ばえ

なぜ農村部の産業組合は市街地信用組合と「気が合わなかった」のでしょう。一言で言えば「市街地信用組合の連中は協同組合的ではなく営利的・金融機関的だ」ということだったのですが、ここで少し、産業組合の側が言う「協同組合の理念」にも耳を傾けてみましょう。

昭和戦前期の「**産業組合主義**の大御所」那須皓《しろし》・東畑精一の1932年の書は、農村で典型的に見られるような組合員同士の継続的または定期的な「**相互扶助**的活動」を「**協同**の事実」と呼び、それこそが「真実に協同組合たる機能」であると述べています。つまり「**相互・協同**」こそが協同組合の必須の要素なのであって、その本来の姿との対比で、市街地信用組合の員外貯金や員外貸出は「営利的手段」に走る活動として、「その実質は果して協同組合たりうるか」と厳しい非難の対象となったのでした。(2)

市街地信用組合の肩を持ってくれる論者もありました。農林省経済更生部長・農学博士の小平権一は、市街地信用組合のおもな組合員層である「中小商業者」の、農業者と異なる以下のような点が、それら組合の協同組合機能の妨げになっていることを指摘します。(3) すなわち市街地信用組合は今のスタイルで発展することが、(農村とは社会・産業の成り立ちが異なる) 市街地の中小商業者たちのためになるのだ、ということです。

・中小商業者は農業者と異なり他の場所に移っての開業が自由で移動が多い。それは、無担保信用を付与するうえで難点となる。
・同一地域内の農業者は共に増産に励み共同出荷することで輸送単価等も有利になり互いに利益を増やせるが、同一地域内の中小商業者は販売する商品が競合すれば競争激化となる。

・販売する商品が商人間で多種多様であり（特に小売商）、共同事業の機会が少ない。それゆえ（農村の産業組合のように）販売代金の捕捉による返済への充当も難しい。

昭和の戦前期は、日本の工業発展や都市化の進展により、市街地信用組合にとってはフォローの風が吹いていていました。前述のように市街地信用組合の数は少なかったとはいえ、そのような環境下で新設（または市街地信用組合への転換）もあり、次第に300組合に近づく勢いで、各組合の業容も順調に伸びていました。(4)

そのような中、市街地信用組合の間に「独立心」すなわち「独立した業態を目指そう」との思いが強くなっていきました。前述の小平権一の「擁護」よりもはっきりと、自分たちの「金融組織」としてのプライドを、「産業組合主義」に対抗して示したのでした。(5)

…市街地信用組合が営利的であることは確かに非難の対象とはなりえよう。しかし営利性という言葉が、非近代的なあるいは義理人情的な結合組織体でない点に向けられた形容詞とするならば、この非難は妥当ではない。およそ金融事業は近代的な現象であり、近代的合理性の上に存在可能なものであるからである。（傍線は追加）

ここには、戦後の信用金庫の性格につながる、「近代的な組織」・「金融機関的性格」を目指そうという姿勢が明言されています。

4. 戦中期に実現した市街地信用組合という「金融機関の一業態」

農林省単独所管であった産業組合とは異なり、市街地信用組合はその金融機関的性格から農林省・大蔵省の共管になっていました。戦後の省庁間の力関係とは異なり、戦前の農林省（そして産業組合中央会）の政治的（さらには対軍部の）影響力は強大でしたから、大蔵省としては肩身の狭さを感じていました。

時あたかも「戦時（準備）体制」の色が濃くなっていた頃、大蔵省としては国家経済資金の運営上「国策」に動員することのできる監督下の金融機関の範囲を増やす必要性もあり、市街地信用組合をもっと自省の側に引き込むことを画策しました。

そのような、行政当局からのフォローの風もあり、1934年に市街地信用組合協会が設立され、1938年には社団法人となり（この「お墨付き」の背景には日中戦争下の貯蓄増強国策への市街地信用組合の熱心な協力もありました）、次いで第二次近衛内閣「新体制」（1940年）の一環としての産業組合組織の改編に呼応し、1943年には**市街地信用組合法**が制定されました。

ここで重要な変化は、市街地信用組合が固有の「業態根拠法」をもったこと、および、同業態が農林省の管轄を離れ**大蔵省専管の新たな「金融機関の一業態」になった**ことでした。

元々大正期に市街地信用組合制度が創設された当初から、大蔵省には「市街地信用組合を純粋の金融機関として育成する意図があったといわれ」ます。[6]「純粋の金融機関として」の、大蔵省にとっての意味は、日常語の「金融機関」よりも重いものがあります。正確には**「預金取扱い金融機関」**（「ワンポイント図解」参照）と呼ぶべきそれら金融機関は、「預金者の保護あるいは公共性の保持の要請から、一般公衆から資金を受入れることは、銀行や信用金庫等の正規に免許された金融機関のみに許されている」[7]、いわば「認可当局から特別に授かった業務権限」を持っているのです。

実際、市街地信用組合法においては、産業組合法のもとでは総預金に対する比率制限があった**員外預金**（組合員以外の者［一般住民・法人］からの預金）につき、制限が取り払われました。太平洋戦争真っただ中の重苦しい時勢ではありましたが、新たに大蔵省専管の金融機関業態となった全国約３００の市街地信用組合は、その信用度において半ば公的な認証がある「公共性」のある「金融機関」として認められたことに胸を張り、

ワンポイント図解 ——「預金取扱い」の有無により金融機関は二つに大別される

「預金取扱い金融機関」

一般顧客（または組合員）から
預金（または貯金）を
受け入れることができる

普通銀行（都市銀行・地方銀行）
相互銀行　**信用金庫**
信用組合　**労働金庫**
農業協同組合　**郵便局**　など
（昭和戦後期の名称です）

「その他金融機関」

銀行法・出資法により
預金（名目の如何を問わず）の
受け入れが禁じられている

証券会社
生命保険会社
損害保険会社
消費者信用会社　など

一般預金者が預金の払戻しにつき不安をもつことがないような「金融機関経営」に努めよう、と決意を新たにしたことでしょう。

コラム④　「創立百四十周年」の信用金庫

本講2.で掲げた図表11の制度変遷表については、本文で説明したこと以外にも、いろいろ「歴史ものがたり」ができます。そのなかで一つ述べておきたいのは、一番上にある「報徳社」のことです。

報徳社は、江戸末期の思想家・農村振興活動家の二宮尊徳（1787〜1856年）が小田原近辺で組織した「報徳仕法」による協同・相互扶助的組織に源流をもつ、協同組合（一般的には近代ヨーロッパ起源）の「日本固有種」といえるものでした。尊徳のそれは、儒教の「仁・義・礼・智・信」という「五常」の教えを「参加者が協力し合って積立て、貸付け、返済する」という協同の営みにつなげようとする**「五常講」**を、当時疲弊していた農村再興に活かしたアイデアでした。(8)

薪《まき》を背負いながら本を読む銅像で有名な二宮尊徳は、時として「刻苦勤勉」さらには「忠君愛国」の象徴のように思われがち――実際昭和の戦時下ではそのように祭り上げられました――ですが、知れば知るほど、アイデア豊かで人を引き付けるリーダーであったように思われます。

そのような尊徳、および同様の協同的な実践（先祖株組合）を率いた大原幽学のもとからは多くの弟子が巣立ち、関東・東海地方における様々な協同組合的な活動（代表的には「報徳社」）につながりました。尊徳の孫弟子の一人が遠江《とおとうみ》報徳社をつくった岡田佐平治で、(9) その子息岡田良一郎は明治になって間もない1879年に勧業資金積立組合「資産金貸附所」を設立しました。島田掛川信用金庫はこれを創業年と考え、2019年に「創立百四十周年」をお祝いしています。(10)

本講の本文では、どちらかと言えば都市部（「指定市街地」）の市街地信用組合を念頭に書きました。しかし信用金庫の源流には、この島田掛川のように非都市部（掛川）で独自のルーツをもつ信用組合（産業組合法に拠《よ》り続けた）や、都市部にありながら組合員のニーズのある協同販売（今の生協のような事業）などの兼業をやめず**「準市街地信用組合」**にとどまった組合も多くありました（2.で見たように市街地信用組合は兼業禁止だったので）。

数にして100を超えるそのような諸組合では、産業組合の「相互扶助的な協同の営み」という理念に親近感をおぼえる役職員・組合員も多かったのでした。それら組合が「都会の金融機関」を目指す市街地信用組合と戦後に合流し「信用金庫業態」となる際、そして新業態の発足後も、当然のように、新業態の性格に関する意見の対立や、「信用金庫のあり方」をめぐっての喧々囂々《けんけんごうごう》が起こることになりました（第9講）。

(1) 本講と第9講は、次の拙稿をベースにしています（両講で省いた参照文献等についても同稿をご参照）：由里［2021a, b］、「『協同組織』信用金庫における『協同』の位置づけ」（前編・後編）
(2) 那須皓・東畑精一［1932］、『協同組合と農業問題』、改造社、48－54頁
(3) 小平権一［1936］、『産業組合金融（上）』、高陽書院、237－239頁
(4) 『信用金庫60年史』［2012］、23頁
(5) 『信用金庫史』［1959］、248頁
(6) 同、171頁
(7) 小林春男［1992］、『信用金庫経営論』、日本経済評論社、33－34頁
(8) 飯森富夫［2016］、「二宮金次郎（尊徳）と五常講」、『しんくみ』、2016年1月、および安田原三［2012］、「わが国の先駆者――大原幽学と二宮尊徳」（信用組合の理念を学ぶ、第10回）、『しんくみ』、2012年1月
(9) 平山恵三［2007］、「掛川信用組合・報徳の源流・伏流」（信用金庫の源流、第34回）、『信用金庫』、2007年1月
(10) 島田掛川信用金庫［2023］、「2023 Disclosure《ディスクロージャー》」、28頁

第8講 産業組合から分かれ出た市街地信用組合

――目指すは「相互扶助的協同」か「近代的金融機関」か――

第9講

戦争直後の激変のなかで生まれた信用金庫制度
――「市街地信用組合⇒信用組合⇒信用金庫」の二転三転――

1.「はなはだ有難迷惑の、時代に逆行する法律」――1949年「協同組合法」

第8講のはじめ近くで述べたとおり、第8講と本講[1]とは、信用金庫が**「(協同組合ではない) 協同組織」**であるというのは一体どういうこと?という難問に取り組む「前編」・「後編」です。「前編」第8講では、戦時中の1943年、(のちの信金業態で多数派をなす) **市街地信用組合**が、それまでの産業組合法のもとを離れ市街地信用組合法という独自の業態根拠法を得て、「金融機関の一業態」にようやくなることができたこと (同講4.) までを述べました。

しかし2年後に日本は「敗戦国」になり、GHQによる「戦後改革」が行われました (第2講1.参照)。GHQの目に、比較的規模が小規模で中小企業・庶民層向けの金融機関として好ましい組織形態と映ったのは、組織の性格上「民主的」と思われた**「協同組合」**でした。詳しくは「信用組合」の部の第13講で述べますが、日本の中小企業政策担当の官僚たちも中小企業の「戦後復興」にとって有用なのは「中小企業の組織化」すなわち協同組合設立による生産・販売などの「協同化」と思っていました。そしてGHQとの「協働」で、中小企業等協同組合法（以下「協同組合法」）というパワフルな法律が1949年に制定されました。

どう「パワフル」かというと、この法律により、中小企業から非営利組織までの実にさまざまな「協同」が「組合化」できたのです。そのとばっちりを最も強く受けたのが、前記のように「市街地信用組合」という一つの金融機関業態へと「独立」できたばかりの400超の「金融機関」でした（第8講の終わりで約300と述べましたが新設や産業組合からの転換で増えていました）。

当時、市街地信用組合業界のトップ・リーダーであった興産信用組合（東京）理事長の志津義雄は、協同組合法につき次のように振り返っています(2)。

…われわれにとっては甚《はなは》だ有難《ありがた》迷惑のものであった。日進月歩の時代にあって、時代に逆行する法案《ママ》が一時ではあるにせよ、支配した（補記：単なる「信用組合」に逆戻りさせられたことを指す）ということは永く記憶に留まるところであろう。

2.「協同組合」から「金融機関」への法的分類替え――大蔵担当官の苦心

先に、協同組合法制定に際しては「中小企業政策担当の官僚たち」がGHQと「協働」したと書きました。商工省（のちの通産省）に「してやられた」大蔵省にとっても「敗北」でした。協同組合法の下でも「信用組合」に対する大蔵省の単独所管は残りましたが、国会審議の場で当時の愛知揆一銀行局長（後の外相・蔵相）が「大蔵省としては市街地信用組合を同法の対象から削除することを希望する[(3)]」と、「閣内不一致」の批判も覚悟で無念の意を表明したほどでした。

旧市街地信用組合を協同組合法制の下から再び金融機関法制の下へと「失地回復」するため、同業界を所管する大蔵省の特殊金融課は、畑違いの「協同組合法制」の土俵で「理論武装」に苦心しました。そして考え出したのが、「旧市街地信用組合（特に大・中規模組合）は5割を越す員外預金比率により、『業務上の組合主義』※から実態として離れてしまっているので、協同組合法制に適さない」という協同組合法の法理に沿った論理でした[(4)]。

※第8講の3．で述べた「産業組合主義」同様、「組合員同士の相互扶助的活動こそ協同組合の中心であるべき」との考えが『業務上の組合主義』。
一方、組合員の出資に基づく協同組織形態と一人一票制とを「組織上の組合主義」と呼ぶ。

そしてまた、経営内容を知らない員外預金者の預金を多数預かる限りは、**財務上・運営上の信頼性が強固な「金融機関」**として金融当局が認可した組織でなければ信用秩序の維持が図れない、という（大蔵省本来の土俵の）金融制度論的な理由付けも併用し、「それゆえ新業態法が必要」と、説得力ある論理を考え出したのです（図表12）。

3.「協同組合ではない協同組織」とした制度設計チームの真意

このような大蔵省特殊金融課の担当官たちの工夫と思い――そしてその背景にあった元市街地信用組合業界人たちの「再び独自の業態根拠法を！」との悲痛な願い――は、1951年5月に**信用金庫法**として結実しました。元市街地信用組合と大蔵省の「失地回復」は成ったのです。

図表12は「信用金庫という新業態」の説明図でも

図表12 大蔵省が考えた「新業態法」の必要性の「協同組合法的」な説明

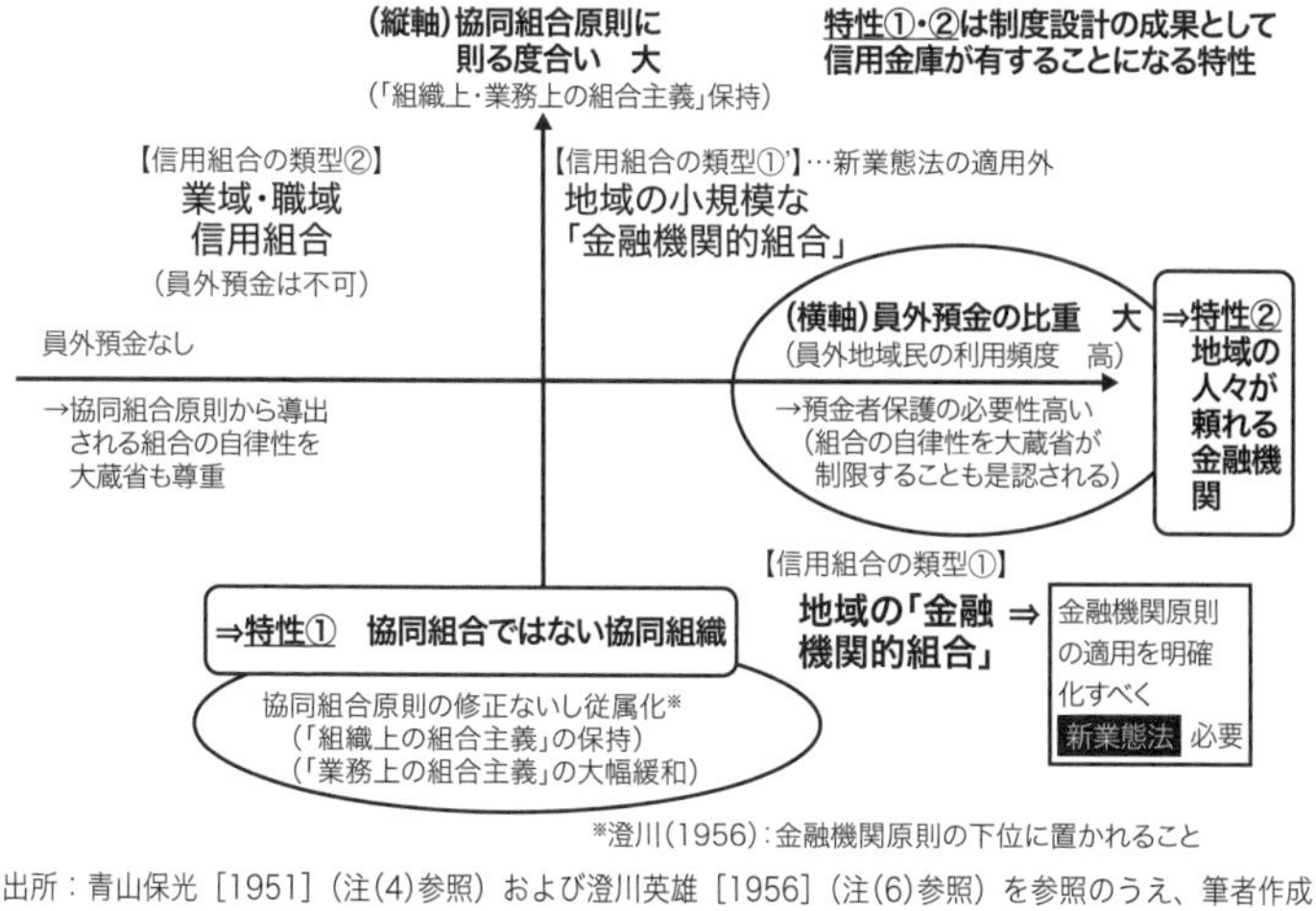

※澄川(1956):金融機関原則の下位に置かれること

出所：青山保光［1951］（注(4)参照）および澄川英雄［1956］（注(6)参照）を参照のうえ、筆者作成

ありますので、少し説明を補足しましょう。図の中の「特性①」・「特性②」は、信用金庫法に盛り込まれた「信用金庫」の特性です。特性②の**「地域の人々が頼れる金融機関」**についてはすでに述べた点が多いので、特性①**「協同組合ではない協同組織」**に関して説明しましょう。

上述のように、(旧)市街地信用組合の業界は「協同組合」の「縛り」を脱することを強く望んでいました。それゆえ「協同組合ではない」ということは期待どおりです。しかし、なぜ「協同組織」なのでしょうか？　実際、業界内には「会社化」を望む声も有力だったのです。

この点に関しては、信用金庫法案の国会発議に半年以上先立つ1950年7月、大蔵省の所管課長が全国信用組合協会の役員会にわざわざ出向き、以下のように懇切に説明しています(5)。

…信用組合が、協同組織であることは産業組合以来のことである。[しかし]機能としては信用組合は、後に相互銀行になった無尽会社よりも元来はるかに金融機関的である。それならばこれを小型の銀行として株式会社にすればそれでいいようであるが…(中略)中小企業金融はその専門機関を要する分野であって、その分野は他と性質を異にする。それにあたるものが、市中銀行と同じ[株式会社]組織・制度によった機関であるとき、果たしていつまでも中小企業金融を専門とすることに満足するであろうか。しだいに大企業に接触を求めようとすることを制度的に阻止するわくがないとすれば、遠からず再び、中小企業金融は、担当する機関のないみたされない分野となる。（傍線は追加）

第2講で見たように、1950年当時、中小企業の金融難が大きな経済問題・社会問題になっていました。その喫緊の課題の解決のため、新しい金融業態には「決して中小企業金融からブレない」姿勢が期待されていました。株式会社形態が含み持つ利潤追求体質は、その姿勢が「ブレる」要因になると、大蔵省担当官たちは考えたのでした。

それゆえ、中小企業者を中心とした**「会員」**たちが「金庫の持ち主」になるという組合的な組織形態と「一人一票制」という「組織上の組合主義」が堅持されることになったのです。他方、「業務上の組合主義」（組合員間の相互的・動態的な「協同」）は、（先に2.で述べた）多数の員外預金者が存在する場合は実行が難しい――しかも「会員」でない一般預金者も信用金庫の大切な顧客である――がゆえ、信用金庫では「〝会員〟相互間だけの協同」に対し（否定はしないが）積極的な位置づけは与えないことになりました。[6]

つまるところ、「協同組織」である信用金庫は、会員たちが組織のオーナーで重要事項の決定権を持ちますが、その運営は金融業務のプロである役職員たちによって担われる「金融機関」、とまとめられるでしょう。

ミニ・コラム――「金庫」の語の由来

…新しい信用組合にどういう名をつけるか……、その名付け親には、当時大蔵省銀行局長の舟山正吉さんがなってくれた。

「オリンピックのメダルではないが、これには金、銀、銅がある。しかし『銀』はすでに銀行が使っている。それに『銅庫』もおかしいから、この際、政府機関しか使っていない『金庫』を新しい門出《かどで》を祝う意味で、特別に使ってもいいことにしましょう」舟山さんはそう言ってくれた。

（小原鐵《てつ》五郎「私の履歴書」［日本経済新聞］より）(7)

4.「出資総額最低限度」という「火種《ひだね》」

大蔵省の「新業態」構想は、「金融機関としての公共性の確立」を目的に、前掲図表12の【信用組合の類型①】、すなわち「員外預金の比重が大」きな信用組合（大半は戦前からの元・市街地信用組合）を「選《よ》り分けて」、新業態に移そうとするものでした。「員外預金の比重が大」きいということは、多くの場合、都会的で総預金量も人口も多い地域に拠点をもつ規模的に中クラス以上の信用組合であり、それらには「金融機関的」な体質が備わっているだろう、というのが大蔵省の見立てでした。

この「選《よ》り分け」は一見、小規模な信用組合には冷たいようですが、大蔵省の柔軟な考え方の表れでもありました。前掲図表12の【信用組合の類型,①】（地域の小規模な「金融機関的組合」）には、「新業態法の適用外」という文言が付いていますが、この意味は、「そのような小ぶりな組合は、（元々金融システムへの影響も少ないので）大蔵省の厳格な監督・検査に服させるのではなく地元都道府県が監督官庁になり、組合員や小規模町村の住民のため、多少おおらかに運営してもらっても良い」、ということです。

それで信用金庫法では「出資総額最低限度」が法定されることになったのですが、（時を1951年はじめに戻して）法案の準備段階で、『信用金庫史』［1959］からの下記引用文[8]のように、この限度額を巡り当時の信用組合業界が二分して争う事態となりました。

新しい単行法は、［新業態は］協同組合にしてもこれまでとは別個のものという特色をもたねばならぬ一方、いくぶんかは本来の協同組合であり続けた方がよいという配慮が、法に明定された最低出資総額ということになって現われた。大蔵省にとってはそれだけであるが、信用組合にしてみれば一大事である。いわばこれまでの信用組合が、A

級とB級に分かれるようなものだからである。（中略）このままでは629組合中47しか信用金庫になれないわけである。（中略）これが後日の信用金庫法反対期成同盟設立の原因の一つとなった。（傍線は追加）

上記引用文中の「信用金庫法反対期成同盟」は1951年2月下旬に組織され、同年3月上旬の全国大会には全国の620ほどの信用組合中115組合が参加しましたが、それら組合の多くも信用組合法案そのものに反対ではなく、自分たち中小規模の組合に対し「足切り」や「信金化を望むならば合併を」と迫るような、法案の「大組合寄り」の姿勢に憤《いきどお》ったのでした。

その批判を受け、大手組合と実態的にその影響下にあった全国信用組合協会は「反省と寛容」とを示し、[9]大手・中小組合間の「和」が優先されて「出資総額最低限度」のハードルは下げられました。

「大組合派」と「中小組合派」との間で業態を別にすることになるような分裂が回避され、その後数か月で信用金庫法が実現したこと自体は、新信用金庫業界にとって幸いなことでした。その一方で、「協同組織の信用金庫になることを選択する」ことが何を意味するのか——特に「協同組織」における「協同」の意味——につき、特に中小組合の組合・業界人たちに理解が行き渡る機会も、訪れはしなかったのでした。

中小組合には戦前、産業組合や準市街地信用組合であった組合も多く（第8講のコラム④参照）、「産業組合主義」的な「協同」へのノスタルジーもありました。そのような組合が信用金庫になって、「『協同』と半ば訣《けつ》別してしまった」ことに事後的に気付き、経営理念のまき直しを求められる、いやもっと問題ありのケースとしてその必要性に気付かないまま金庫運営にあたる、そのような事例も起こりました。

5.「中小企業を生かすために」――ある信用金庫経営者が悩んで見出した方向性

東京・世田谷区の昭和信用組合は戦前からの市街地信用組合でしたが、4.で見た「信用金庫法反対期成同盟」の一員でした[10]。おそらく、よく考えて反対に回った組合だったのでしょう。信用金庫の制度設計の未完成部分にも敏感でした。

つまり、中小企業者たちの（ための）協同組織であること（前掲図表12の特性①）と、財務上・運営上の信頼性が強固な「金融機関」であること（同図表の特性②）という信用金庫の2大特性の間には、確かに対立し合う面があるのです。制度開始から6年後、昭和信用金庫理事長の阿川昌朝氏はそれら両者の間で呻吟《しんぎん》する経営者の悩みを以下のように記しています[11]。

［信用金庫は］資本主義経済の中の企業で［も］あるから、適当な利潤をあげなけれ

ばならない。（中略）採算を強く打ち出せば、勢い［貸出一件ごとの］単位は大きくならざるを得ない。企業としての銀行は、中小企業を扱うことは、最小失費で最大利潤を［という］最大効率の原則に反するから［中小企業貸出を］敬遠した。

「しかし信用金庫の場合は……」、そのような悩みのなか阿川理事長は、4．で記したように信用金庫制度が中小企業融資を担う国家経済的な課題に立ち向かうべく創設されたことを思い出します。「信用金庫が中小企業を扱うことによって――中小企業を喰うためではなく生かすために――国家の経済基礎強化に役立」つその使命を果たす、その道を何としても見つけるべき、と考えます。

そして「協同組織であるということは非営利組織であることも意味するのだから、（効率性に基づく経営判断ばかりでなく）会員中小企業者の声を積極的に聞くことも組織の性格にかなうはずであり、またそうすれば会員たちも、金融機関としての存続に必要な採算性を理解し協力してくれるはずである」（筆者が論旨を要約）という提案をもって、この論考（注(11) 所載）は締めくくられています。

第10講以下で見る1960年代以降も、信用金庫の経営、そして信金業界の舵《かじ》取りは、信用金庫の2大特性である**協同組織性**（会員中小企業者のための運営）と**金融機関性**（一般預金者が安心・信頼できる運営）との間で悩み続けます。しかしそれは意味のある悩み、「自らの業態のあり方」について考え続けるということでした。今日までの信用金庫の歴史を振り返って、**「信用金庫のあり方について悩み続けた」こと**は、結果として大いに信用金庫のためになった、というのが筆者の見方です。

(1) 本講は第8講注(1)で示した拙稿に加え、次の『信用金庫』誌(2021年6月)への寄稿もベースにしています：由里[2021]、「『信用金庫丸』の船出」
(2) 興産信用金庫三十周年記念誌編纂委員会[1954]、『興産信用金庫三十年史』、興産信用金庫、「戦後」5頁
(3) 小林春男[1992]、『信用金庫経営論』、日本経済評論社、第1章「信用金庫法制定への道」
(4) 青山保光[1951]、『信用金庫法の解説』、大蔵財務協会、第1章第3節「信用協同組合に関する法制」
(5) 『信用金庫史』[1959]、299頁および302–303頁
(6) 青山[1951](先の注(4))、46頁、『信用金庫史』[1959]、349頁、および澄川英雄[1956]、「経営合理化の問題点」、『信用金庫』、1956年5月
(7) 参照したのは書籍版：日本経済新聞社『私の履歴書第四十一集』[1970]、137頁
(8) 『信用金庫史』[1959]、339–340頁
(9) 同、367頁
(10) 『信用組合史』[1976]、176頁
(11) 阿川昌朝[1957]、「信用金庫の問題点」、『信用金庫』1957年4月

第10講

制度発足10周年の信金業界
――その発展の要因と課題、そして「信金格上げ」を図る大蔵当局――

1. 全信協会長の「10周年の感慨」

第9講で述べた信用金庫法は1951年6月に公布・施行されましたが、同法による「第1次改組」で226組合が信用金庫になった同年10月20日が、「信用金庫業界」の誕生日ということになります。

それから10年を経た1961年10月、『金融財政事情』誌（10月16日号）は「十周年を迎えた信用金庫」と題した特集を組みました。その中で全国信用金庫協会（全信協）の小野孝行会長（中央信用金庫［東京］理事長）は、次のように感慨を述べています。

しかし十年間によくもこれまで、信用金庫が成長したものだと思う。金融でその町の主人公になれると考えていた経営者が何人あっただろうか。信用金庫は銀行に行けない人のためのものだと信じきっていた。それが使命であり、宿命だと思っていた。それがもう主人公にまで成長したところが沢山でてきた。主人公でないまでも対等にまでなってきたところは、更に多い。資金量の多少よりも、私達にはこのことの方が、はるかに大切な意義をもつと思っている。もちろん信用金庫のことだから、町の中小企業者を主体としながら、この地歩を築いたのだから、一層有意義だと思うのである。

2. 3業態中でも良好な業容の伸びとその発展の要因

以上の引用文で、全信協の小野会長の感慨の中心ポイントは「信用金庫がここまでよく伸びて、銀行も一目置くほどの金融機関になるとは思ってもみなかった」ということでしょう。

第3講・第9講で見たように、信用金庫は中小企業のための資金供給を第一の使命とする「中小企業金融機関」です。その中小企業向け融資の分野における計数の伸張ぶりを見てみましょう（図表13）。

このグラフは「融資残高のシェア」ですから、各業態間の競争に由来する上がり下がりはありますが、シェアの母数の中小企業向け融資残高自体、グラフ上の17年間を通じて急速に伸び続けていました（1952年の6597億円が1969年には21・14兆円に…年あたり増加率は22・6％）。それゆえ「中小企業金融機関」3業態（信金・信組・相銀）のいずれもが、業容の順調すぎる伸びを経験したのでした。

　また、グラフの「融資残高シェア」に着目すると、やはり信金業態の伸びが3業態中で最も順調です。相銀業態の場合1957年までシェアは下降気味であり、信組業態も1954年までは横ばい気味ですが、信金業態はほぼ一貫してシェアを伸ばしています。信金業態の中小企業向け融資残高は1952年の558億円が1969年には4・15兆円になり、年率28・8%と非常に高い伸びでした。

　このような信金業態の中小企業融資の高い伸びの要因は、一つには中小企業の側の高い外部資金ニーズ、もう一つには各信用金庫の効果的な営業活動によるものでした。

　このグラフの1955年頃までは戦後の復興期に相当し、その後は高度成長期に相当します（第4講の1.参照）。そのような状況下で中小企業の資金需要が高まったのは当然と言えば当然ですが、その時

図表13　中小企業向け融資残高シェアの推移①
（各年3月末）

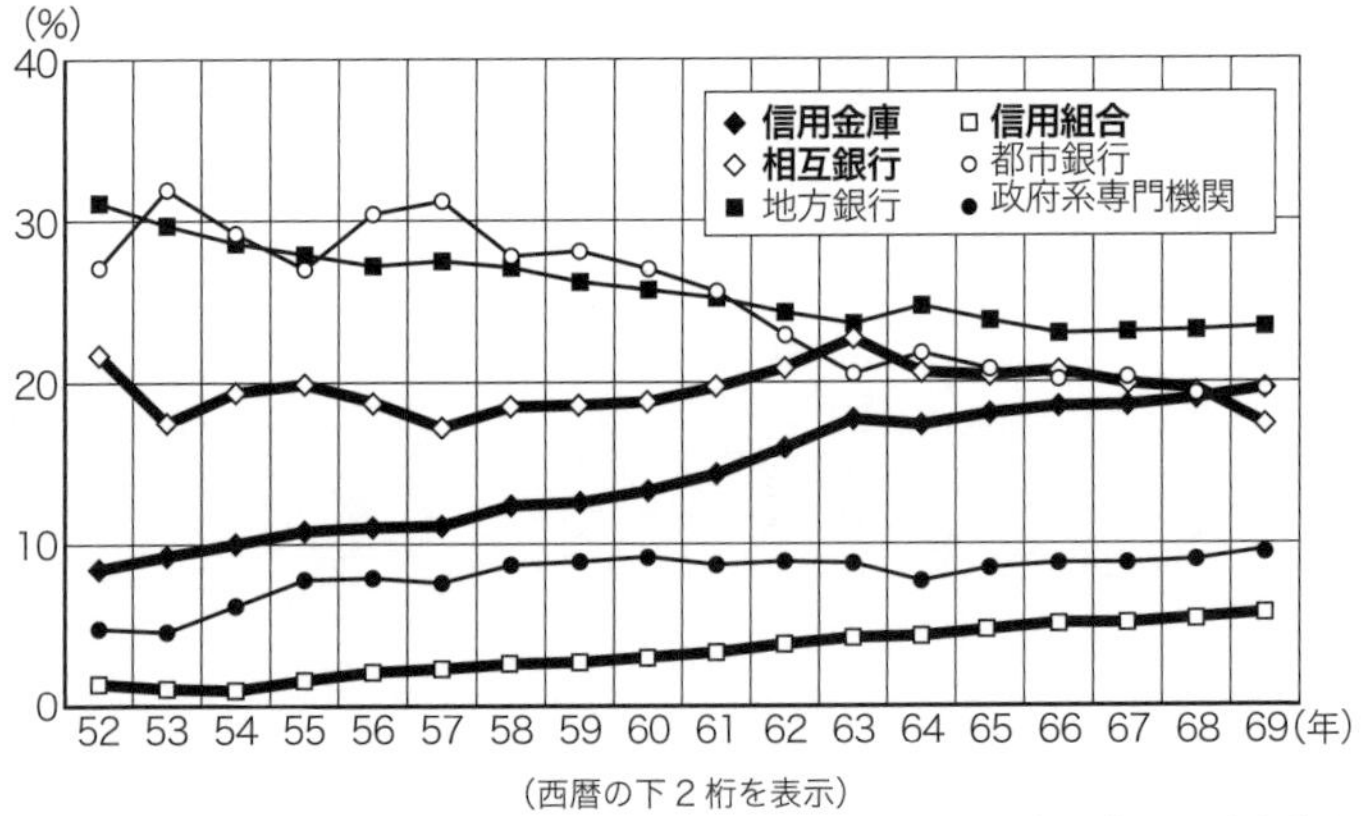

出所：1954年以前は『信用組合史』[1976]、222–223頁、同年以降は『信用組合史續々』[2004]、742頁所載の計数により、筆者が作図

代特有の、次のような資金需要要因もありました。[1]

・大企業部門で重化学工業化が進展し、中小企業も重化学工業分野にシフトしていったが、その分野で競争力を持つには多額の近代化投資・量産化投資が必要であった。
・従来型産業（軽工業・流通業など）においても、戦前のような「問屋（前貸し）金融」が縮小したため、金融機関からの追加的な借入れが必要になった。

もう一つの、信用金庫の効果的な営業活動という要因に関しては、前述の『金融財政事情』誌「十周年を迎えた信用金庫」特集に寄せた別府信金の高橋豊之進理事長の回想（「こうして業績を伸ばした」、１９６１年10月23日号所載）に、信用金庫らしい営業スタイルが示されています。

> 別府市および近郊を区域とする当金庫としては、地区の深耕、市民各位との結びつきを強化する以外に、「別信」の発展はありえないことを、職員全員に徹底させ、地域の発展が、「別信」の発展に、そして職員の地位、生活の向上につながることを銘記して、第一に全員外交による預金増強に専念した。（傍点は追加）

この引用文にある**「地区」**というのは、信用金庫法（第10条・第22条）により各金庫が定款で定めなければいけない営業区域のことで、別府信金の場合は引用文の冒頭にあるように「別府市および近郊」の市町村ということです。相互銀行にも「営業区域」はありましたが、ほとんどの場合、信用金庫の営業区域はさらに狭いものでした。その明確にターゲット化された地元域で「足の金融機関」に徹し、相当小口の集金（特に**「定期積金」**[2]）の数々を渉外部隊がテキパキこなし[3]、**「顔見知り（face to face）のリレーションシップ」**構築により地域の人々の間での知名度を上げ、預金・貸出のシェア伸張につなげていった――これが多くの信用金庫に共通した「勝利の方程式」でした。

その「勝利の方程式」の物理的・立地的な基盤が**「狭域高密度型」**の店舗網です。この店舗配置スタイル（そして営業スタイル）は今日に至るまで信金業界が意識的に培《つちか》ってきたものですが、「高密度」になるには店舗の絶対数の増加も必要です。それを支援したのが大蔵省の「中小企業金融機関」3業態に対して寛容な店舗認可スタンスでした（銀行に対しては相当辛い認可スタンス、図表14）。

図表14　1955年と1965年の金融機関数・店舗数

各年12月末（相銀65年は9月末）	1955年			1965年			55⇒65
	金融機関数	店舗数	1機関当り	金融機関数	店舗数	1機関当り	店舗数増加率
都市銀行	13	1,821	140.1	13	2,095	161.2	15%
地方銀行	65	3,702	57.0	63	4,262	67.7	15%
相互銀行	71	2,274	32.0	72	2,766	38.4	22%
信用金庫	553	2,291	4.1	526	3,366	6.4	47%
信用組合	357	665	1.9	529	1,738	3.3	161%
合　計	1,059	10,753	10.2	1,203	14,227	11.8	32%

出所：太田尾［1966］（注（1）参照）第3表のデータをもとに筆者作成

3.「業界内の規模格差」問題と全信協の業界施策の開始

先の図表14には、「1機関当り」店舗数も示されていますが、信用金庫の場合、1965年においても平均6・4店であり、本店を除けば5・4か店の支店数という、まだまだこぢんまりした平均規模でした。

この規模の小ささは、第9講の4.で述べた多数の中小規模の組合が制度発足時に信用金庫に転換したことによるものでした。やはり図表14に見られる（「金融機関数」の列）ように、合併で金庫数は少しは減っていますが、それでも次の図表15が示すように、1967年においてもなお、資金量50億円未満（相銀の最小クラスよりも小）の金庫が全金庫数の約3分の2を占めていました。

この「規模格差」問題のような業界固有の課題に対し、全信協は無策ではありませんでした。

1957年4月から実施された「信用金庫拡充3カ

図表15　地銀・相銀・信金の各業態内の規模分布

（1967年3月末）

※イタリック表示の欄は、それ以上の規模階層の行庫をも含む

業態区分 / 資金量規模	地方銀行			相互銀行			信用金庫		
	行数	平均店舗数	平均人員数	行数	平均店舗数	平均人員数	庫数	平均店舗数	平均人員数
2,000億円以上	14	112	3,270						
1,000～2,000	19	78	1,839	*9*	*67*	*2,647*			
500～1,000	15	58	1,294	10	52	1,418	*3*	*30*	*1,424*
300～500	8	32	704	18	42	951	13	17	795
200～300	5	24	420	17	33	619	14	12	562
100～200	2	26	376	14	27	490	48	12	353
50～100				4	12	233	98	8	197
30～50							94	7	124
20～30							88	5	83
10～20							109	4	56
10億円未満							56	2	29
平均（計）	63	69	1,724	72	40	1,020	523	7	164

出所：金融制度研究会［1969］『金融環境・金利・金融機関の規模』（金融制度調査会資料第1巻）、金融財政事情研究会、468頁

年計画」以降、途切れることなく業界の**「長期経営計画」**が策定・実施されました。[4]

3巡目の長期計画「基本方向推進3ヵ年計画」（1962～64年度）においては**「中小金庫進展対策」**が具体的に練られ、全信協内に「経営コンサルタント」が配属され、期間内にコンサルティングを希望した176金庫が「指導」を受けました。また同じ時期、千葉県鎌ケ谷の**全国信用金庫研修所**をはじめとした信金役職員の研修体制も充実しましたが、[5]これもやはり、（自前では組織的な研修まで手が回らない）中小金庫の経営に資することになりました。

業界として重要な課題に臨んだ際「あたかも［信金］業界全体が一つの組織であるかのような取り組み」がなされるという、[6]今も息づく信金業界の伝統は、この「業界内の規模格差」問題も重要な契機となって、培《つちか》われていったのでした。

4.「信金格上げ」を図る大蔵当局――「信金銀行化論」の足音

以上見てきた信金業界の順調な発展ぶりは「順風満帆《じゅんぷうまんぱん》」そのもののように見えますが、信金制度の設計者であり監督官庁であった大蔵省のほうは、信金と（地域型）信組との**「棲《す》み分け」**問題（行政用語的には**「業態間分野調整」**問題）に悩み始めていました。[7]

この「問題」の解説は次の第11講に回しますが、一言で言えば「異なった金融業態は、分担する金融業務も異なるべきだ（多少の重なり合いは許容するとしても）」という、「金融制度の行《ぎょう》司《じ》役」としての大蔵省の一貫した重要ポリシーでした。

「地域型」信用組合の目覚ましい発展に伴い（先の2．では言及しませんでしたが図表13・14の信組業態の伸び率は信金をも上回っていました）、信金業界の中に、信組業界（特に大手組合）の営業攻勢を目障《めざわ》りと思う気持ちが生じていました（「信金と張り合うような〝金融機関的〟組合は一斉《いっせい》に信金になるべきだ」と）。

それで「行司役」の大蔵省に働きかけ、大蔵省も「棲み分け」問題を認めて**「信金・信組の業務分野調整1957年ラウンド」**（筆者の呼称）で話し合いが行われましたが、結局「調整不調、現状維持」に終わりました（第15講参照）。

大蔵省中小金融課は、この「1957年ラウンド」の直後（1958年夏）から「金庫は（協同組合的ではなく）〝金融機関〟としての経営姿勢をより明確に」と表明し始めました[8]。そして1959年8月には「信用金庫の金融機関としての諸側面における〝格上げ〟を図る」方向の監督政策の具体的な表れとして、信用金庫基本通達（1959年8月）が出されました。

他方、信金や相銀の業界人からも「銀行法の自由度を相銀・信金にも与えるべき」との提案、さらには信金「銀行化」容認論や大同的合併による「大金庫主義論」も現れていました。しかし相銀業界では「銀行化論」はかなり有力であったものの、信金業界では少数派でした。

それにもかかわらず1967年のはじめ、大蔵省は**相銀・信金両業態を合体させて「中小**

企業金融専門の銀行」にする提案を示しました。信用金庫制度は「空前絶後」の危機に瀕《ひん》することになります（第11講に続く）。

（1）太田尾勝治［1966］、「中小企業金融における成長性を評価する」、『銀行研究』、1966年8月
（2）柳田恵臣［1968］、「定期積金を再評価する」（3）・（4）、『金融財政事情』、1968年6月10日・同17日
（3）『金融財政事情』、「金融経営の窓」コーナー、1959年5月11日および1962年5月21日、および同誌、「シェア拡大をめぐる競合と提携の十字路」（「十周年を迎えた信用金庫」特集）、1961年10月16日
（4）『信用金庫60年史』［2012］、99－100頁
（5）同、108－110頁
（6）同、109頁
（7）この4．と次の第11講は、次の拙稿をベースにしています（省いた参照文献等についても同稿をご参照）：由里［2022a］、「1967年大蔵省『信金銀行化論』の背景」
（8）「特殊金融だより―中小金融」、『金融財政事情』1958年8月11日

第10講 制度発足10周年の信金業界

――その発展の要因と課題、そして「信金格上げ」を図る大蔵当局――

第11講

「信金銀行化論」を拒否した業界

――1967年金制調をめぐるドラマ――

1．筆者の長年の疑問：「信金銀行化論」は〝悪役レスラー〟だったのか？

第8講で、筆者は「信用金庫は〝組合〟なのか？」と疑問を持ちつつ、全国信用金庫研修所でエラそうに講義し続けていたことを「告白」しました。

もう一つ同じように告白したいのが、1967年に大蔵省（正確にはその金融制度調査室）が提案した「信金銀行化論」を、研修所の講義室で（若干迷いを感じつつも）「悪者呼ばわり」し続けたことです(1)。

第9講で述べたように「協同組織である信用金庫」は確かにユニークな金融組織で、その信用金庫制度を大切に受け継ぐことの「価値」を説くのが筆者の「理念講座」講師としての役回りでした。その「講義の山場づくり」に欠かせなかったのが、往年の全信協会長、小原鐵《てつ》五郎が**金融制度調査会**（以下「**金制調**」）中小企業金融問題特別委員会の席でぶった、「信金銀行化論」反対の次のような「小原節(2)」でした。

…金融制度調査会［補注：上記の特別委員会］の席上…私は［信用金庫の］ビジョン論を武器に論争をいどんだ。「いまの信用金庫がよって立っているビジョンはこれである。それに対して、［大蔵省金融制度調査室］滝口試案にはいったいどんなビジョンが盛り込まれているのか、それをひとつ聞かせてほしい」（改行）残念ながら誰からも、具体的な答えはいただけなかった。（改行）…私は、信用金庫の株式会社［化］案を明記するような答申が、もし多数決で金融制度調査会で採択されるなら、全国の信用金庫人と六〇〇万人の会員を総動員して、大蔵省を十重二十重《とえはたえ》に取り囲み、霞ヶ関をムシロ旗で埋めつくす覚悟までしていた。それほど当初は、孤立無援、頼るは信金業界の結束だけという状態だった。

このような「弱小業態いじめ」とも思《おぼ》しき状況で「小原節」を放ち続ける小原会長の周りには、味方が一人また一人と立ち現れ始め――それも中山素平興銀頭取、田中久兵衛三井銀頭取など金融界の名人士たち――、最後には、当初「敵方」の一人すなわち「信金業態改変論者」であった末松玄六名古屋大教授までもが「味方」に転じ、大蔵省の澄田智銀行局長に

「話は分かった」と言わしめる。そのくだりを述べる講義者（筆者のこと）も思わず「講談調」になり、信金研修所の大講義室も大いに盛り上がる――。

筆者自身「これはあたかも、1960年代後半頃に大人気であったプロレスの『馬場・猪木 対 外国人悪役チーム』の実況・観戦風景のようではないか」と、その「演出過剰のドラマのような」展開に、研究者としては疑問感（「本当にそのとおりだったのか?」）がありました。しかし、同講義室内では自らの「役回り」に忠実に、その「講談」で盛り上がった雰囲気のまま、「かくして『協同組織の信用金庫』というユニークな金融業態は多大な労苦の末、制度的に維持されることになりました」と、無事「大団円《だいだんえん》」的に話をまとめてきたのでした。

上記の「『ドラマチック過ぎる』展開」において、「悪役レスラー」役は、金制調の中小企業金融問題特別委員会（以下「特別委員会」）に1967年2月に提出された**「滝口試案」**（大蔵省金融制度調査室滝口調査官による）でした。そこでは信用金庫の多くを「株式会社組織」の「中小企業金融専門機関」すなわち一種の銀行に転換させる旨が提案されていました。

本講ではこの提案を**「信金銀行化論」**と呼び、「大蔵省が当時『信金と信組との棲《す》み分け』をたいそう気にしていたことが『信金銀行化論』の提案につながったのではないか」という、研究者としての「見立て」を、「悪者呼ばわり」抜きで述べてみたいと思います。

2．信用金庫と「地域型」信組がそっくりな状況は大蔵省の「のどに刺さった骨」だった

日本の金融制度の、少なくとも昭和期以前の大きな特色の一つは**「（業態間の）分業主義」**であると言われます。大蔵省は「金融業態ごとに受け持つ金融業務の分野が異なり、逆に受け持つ金融業務の分野が（多少の重なりはあっても）異なるからこそ、各業態が分立・存在する意味がある」という考え方を明確に意識していました。それゆえ第10講4．で見た**「信金・信組の業務分野調整1957年ラウンド」**（筆者の呼称）が「調整不調、現状維持」に終わったことは、それ以降の大蔵省にとって「のどに刺さった骨」のように思われていたのでした。

「業務分野調整」あるいは**「業態間の棲《す》み分け」**が昭和期の大蔵省にとり重要であったことは、筆者がかつて勤めていた大和銀行が信託部門の分離を大蔵省銀行局長から公然と迫られた、1965年2月の一騒動[3]にも表れています。

大蔵省は戦時中は戦時資金調達促進の国策もあり、信用力ある銀行の「信託併営」をむしろ促進しましたが、1950年代には短期金融（普通銀行）と長期金融（信託銀行）との峻《しゅん》別の観点から「銀・信の業務分野調整」を推進しました（たとえば三和銀行・神戸銀行の信託部門分離による東洋信託銀行の設立［1959年］）。

三菱信託銀行でこの「信託分離」行政指導に対処する役回りを経験した新井俊三（元同行

常務取締役）は、大蔵省という組織が「業務分野調整」に取り組む際の「行動習性」に関し、以下のように振り返っています。(4)

昭和二九年に大蔵省は普通銀行の信託分離を意図する信託主業化を打ち出した。大蔵省はこういうことが好きなところなんじゃないですか。［戦時中「兼営法」により］はっきりしないヌエ的な存在を自分でつくり出しておいてその後ピシャッと割り切らないと気がすまない。（傍線は追加）

この新井の回顧談は、「信金銀行化論」の大蔵省内での由来を推測するうえでも有用な観察を含んでいます。引用文中の「はっきりしないヌエ的な存在」を「協同組織でありながら（会員以外の）地域住民等にも開かれた金融機関である信用金庫」に置き換え、また「自分でつくり出しておいてその後ピシャッと割り切らないと気がすまない」を「信用金庫法を設計しておきながら後に『信金銀行化論』を打ち出した」に置き換えたならば、どうでしょうか。

また、前述の「信金・信組の業務分野調整１９５７年ラウンド」の調整不調ののち、大蔵当局者の一人は「制度的な問題点が（信用組合ではなく）信用金庫にこそ残されている」との旨《むね》の指摘をしています。(5)それは、信金・信組の「棲み分け」を図るには、信組との比較でも一層「はっきりしないヌエ的な存在（協同組織とも〔純粋の〕金融機関ともつかない）」である信金のほうこそを制度改編の俎上にのせるべき、という見解とも解せられるのです。

3. 大蔵省の目に「そろそろ格上げしても良いだろう」と思われた信金業態

第10講4.で大蔵省の「信金格上げ」行政にふれました。他方、信用組合業界（個々の信組および業界中央組織）の基盤が固まってきたこと（第15講参照）により、大蔵省の目には1960年代の信組業態は1950年代の信金業態の役割を担えそうにも思われてきました（少なくとも信組業界は「自分たちはその役割を担える、だから信金並みの業務範囲を認めてほしい」と訴えていました）。

しかしながら、2.で見た大蔵省のポリシーからすれば、信組業態の「格上げ」で信金・信組がますます似た存在になることは避けねばなりません。信金・信組両者を引き続き「棲み分け」させるには、信金業態のほうも「格上げ」し、信金に似た存在になることを希望している信組業態の、その希望成就後の姿（≒1950年代の信金業態）とは、違ったキャラクター（業務範囲や組織形態）をもつ金融業態へと成長させねばなりません。そのための大蔵省案の提示の機会となったのが1967年はじめの金制調特別委員会の場であり、それがすなわち**「信金・信組の業務分野調整1967年ラウンド」**であったのではなかろうか、というのが筆者の見立てです。

信金業態を「違ったキャラクターをもつ金融業態へと成長させる」やり方は、「信金銀行化」以外にもいろいろ考えられるでしょう。しかし、1960年代の大蔵省は金融正常化・効率化を推進していました（第5講参照）から、同省にも「〝成長〟とは近代化・効率化・規模の面でより進んだ組織である銀行に近づくことだ」、という「思い込み」があったのではないでしょうか。

4.「信金銀行化論」はある程度実現可能性がある提案だった

以上、2.と3.で述べてきた筆者の見立ては、あくまで大蔵省の金融機関行政にとっての事情に関するものです。大蔵省が「信金銀行化」を真剣に考えていたとしても、政策関与者は政治家、中小企業関連省庁、日銀、産業界、金融関係の識者たち、メディア（世論）、そして何より信金業界・信組業界・相銀業界、と多種多様です。それらの政策関与者たちの多くがそれぞれの視点から「信金銀行化」を「好ましい」、少なくとも「まあ良いのでは」と思ってくれるであろう、そのような「読み」がある程度大蔵省側になければ、「信金銀行化」という思い切った提案を大蔵省が出してくることはなかったでしょう。

本講のベースになった論文で、筆者は「信金銀行化論」が金制調の場にのぼった政策的・政治経済的な背景を、公共政策論のなかの「アジェンダ（議題）論」にのっとって、あれこれ考えました。図表16はその「総まとめの図」です。

この図については「一般向けの本書では専門的過ぎていやがられるかなぁ」と迷いましたが、自身思い入れのある「労作」なので、「1965～67年頃、どんな政策的・政治経済的な諸要素が〝信金銀行化論〟のバックにあったのか」の「イメージ図」として眺めてください。もちろん、「出所」に記したベース論文をインターネット（巻末の「ベースとなった筆者の論文など」で案内）などでご覧いただければ、一層うれしく思います。

図表16につき、一言だけ申し上げておきたいことは、「〝信金銀行化論〟はある程度実現可能性がある提案だった」ということです。1．で引用した小原全信協会長の「当初は、孤立無援、頼るは信金業界の結束だけ」という言い方は、金制調特別委員会の場で「信金銀行化論」が提示された当初の雰囲気を伝えるものだろうと思

図表16 「信金銀行化論」が金制調の場にのぼった政策的・政治経済的な背景
（アジェンダ［議題］化された）

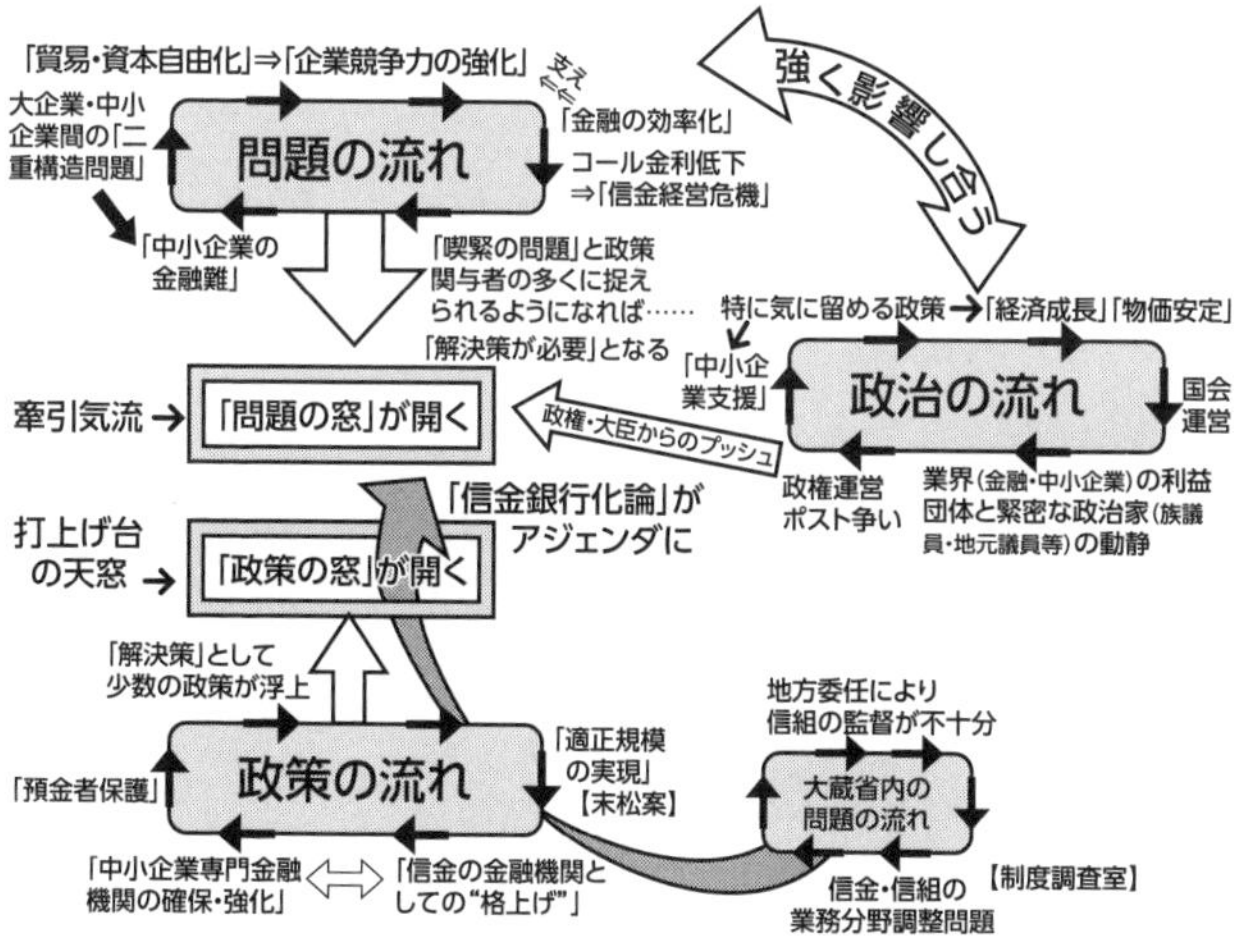

出所：由里［2022a］「1967年大蔵省『信金銀行化論』の背景」、図2

われます。

5.「われわれはこの制度でやっていける」と啖呵《たんか》を切ったことの重み

本講の冒頭で述べたような小原節、そしてその背後にあった「信用金庫制度の抹殺《まっさつ》、断固反対！」という信金業界内の声の高まりに押され、金制調専門委員会の場で「信金銀行化論」（滝口試案）は支持を失っていきました。また、図表16の下のほうに書かれている「末松案」（信金には「適正規模」の業容が必要だから相銀・信金業態を一つにすべき）も、やはり1．に書いたように小原会長と末松教授とが「分かり合った」ことにより、実質的に取り下げられることになりました。そして元の3つの案のうち、川口案（川口弘中央大教授による3業態存続案）が支持を集め、相銀・信金・信組という「中小企業金融機関3業態」の制度の枠は維持されることになったのでした。

一見「めでたし、めでたし」のようですが、その川口教授自身が川口案採択がほぼ固まった時点（1967年4月後半頃）で、次のように述べていたことにも着目すべきでしょう。(6)

私のような考え方［川口案］で言うと、経営問題はいままでどおりの制度の中で、各機関の個別な、あるいは協会としての、今後の地道な努力に俟《ま》つということしかないわけでしょう。そういう点に問題が残るということになるわけです。

信金業界も頼りにする存在であった川口教授は、この言葉に「〝われわれはこの制度でやっていける〟と公の場で大蔵省に向けて啖呵《たんか》を切った限りは、各金庫および業界組織自身の責任において、信金の経営諸課題をしっかり乗り切ってください」という意味を込めています。

「行政の言うことを聞いておけば〝行政の責任〟で業態構成員（全国の諸金庫）の存続が半《なか》ば保証される」時代に、信金業界はあえて、今で言う「自己責任」を引き受けたのでした。「やっぱりドラマだなぁ」との感慨をおぼえます。

コラム⑤ 「小零細企業の数は減っていくのか」論争

「信金銀行化論」、または（「銀行」にするかどうかはともかく）「相銀・信金業態を一つにすべき」という議論（5.でふれた「末松案」）の背景には、「日本経済が国際舞台に返り咲いたら中小企業とりわけ小零細企業の多くは生き残れないであろう」という「近未来予測」（第5講1.～3.参照）ないしは「理論」がありました。小零細企業の多くが生き残れないのであれば、相銀・信金・信組という3つもの「中小企業金融」業態自体、立ちゆかなくなってしまいます。

「末松案」の末松玄六名古屋大教授はその理論（**「適正規模論」**）の代表的論者の一人でしたが、決して**「規模の利益」**（大きくなるほど効率良く優れた企業になる）一辺倒ではありませんでした。[7] そのあたりが、「小原節」に圧倒されたかどうかはいざ知らず、小原会長と話が通じ合った理由だったのではないでしょうか。

また、1967年金制調の結論が出る直前、1967年7月に刊行された清成忠男（国民金融公庫調査部、ほどなくして法政大学に転じ、後に同大学総長）の『現代日本の小零細企業』の、**「小零細企業は決して『残存』しているのではなく、絶えざる発生と消滅をくり返しながらも1つの階層として定着している」**という知見[8]も、信金業界人にとって励みとなりました。[9]

結果的に、次の1970年代にはベンチャー企業の台頭など（第6講1．参照）もあり、「企業規模」を振り分けの基準とした「存続可能性」うんぬんの論議は下火になっていきました。しかし1967年時点ではまだ「〝小零細企業の数は減っていく〟論」も強かったので、信金業界は「このままでやっていけるのだろうか…」という不安もかかえつつ、「信用金庫丸」の船旅を続けることになったと言えましょう。

(1) 本講は次の拙稿をベースにしています(省いた参照文献等についても同稿をご参照):由里[2022a]、「1967年大蔵省『信金銀行化論』の背景」
(2) 小原鐵五郎[1983]、『貸すも親切貸さぬも親切』、東洋経済新報社、40-41頁
(3) 「新聞の盲点―“春一番”信託分離突風の波紋」、『金融財政事情』1965年3月1日
(4) エコノミスト編集部編[1978]、『戦後産業史への証言』、毎日新聞社、61頁
(5) 窪田譲[1959]、「総合基本通達と信用金庫行政の方向」、『金融財政事情』、1959年8月24日
(6) 座談会「中小金融制度の改善案をめぐって」(中小企業金融論関係の学者5名による)、『金融ジャーナル』1967年6月号
(7) 末松玄六・瀧澤菊太郎(編)[1967]、『適正規模と中小企業』、有斐閣
(8) 清成忠男[1967]、『現代日本の小零細企業』、文雅堂銀行研修社、20-21頁
(9) 天邪鬼(ペンネーム)[1967]、「一つの書評として」、『信用金庫』、1967年10月

第12講

1970年代以降における「信金らしさ」の追求

——「地域密着型」業務推進と「融資政策」の模索——

1.「信用金庫が〝抹殺〟されかけた」トラウマをバネに業界が一層結束

第11講で見たように、1967年の金制調答申で信金制度が維持されました。このこと自体に対する喜びは大きく、たとえば全信協副会長の河合甚助（岐阜信金理事長）は「私どもとしても、非常に明るい気持ちで今回の答申を受け止めておりますから、非常に力を得ましてこれからハッスルし、努力することは当然です」と語っています。(1)

しかし第11講の本文末尾で述べたように、「信用金庫のままでやっていける」と啖呵《たんか》を切ってしまったことで、「果たして〝信金らしい施策〟として何をすればよいのか」という焦りと迷いはあったでしょう。それに加え、1967年の金制調答申の結果「合併・転換法」という業態横断的なM&A（合併・吸収）促進策も導入されました（第5講4.(b)参照）から、

信金業界としては普銀や相銀などに傘下の金庫が吸収されないための施策も必要でした。(2)

そこで発揮されたのは、第10講の3.で見たような信金業界の結束力でした。金制調答申から約1年後、1968年10月の信用金庫全国大会では、**「信用金庫らしさ」**につき「協同組織の長所を生かしつつ、地域内の対象企業および国民大衆のすべての産業経済の発展に寄与する専門地域金融機関である」と宣言しました。そして間もなく、次の**「信用金庫の3つのビジョン」**が固まりました。

①中小企業の健全な発展
②豊かな国民生活の実現
③地域社会繁栄への奉仕

1969年4月開始の業界指針「躍進五カ年計画」においては、「金融の効率化」が金融機関政策の基調として本格化してきたことを背景に「巨大金融機関による大企業から中小企業・一般大衆層までの市場独占の動き」に対抗し得る信金業界の「総力量」を「減殺《さい》することなく発展させる」ことを強調しています。

「臨戦態勢」の宣言文のようなものものしさですが、その背景には次の中島栄治多摩信金専務理事の発言にみられるように、「〝信金銀行化論〟(滝口試案)で信用金庫が〝抹殺〟されかけた」というトラウマ的な経験が横たわっていました。[3]

> 五ヵ年計画が策定できたのは、やはり滝口試案が起点ですね。当分の間〔企業向け融資〕市場が〔普銀と信金・相銀等の間で〕同一化するまで、中小企業専門金融機関を認めるんだということなんですね。ですけれども、…市場が同一化したときには、やはりまた〔制度〕改正がある、信用金庫がほんとうにそのとき役に立っていなければ抹殺される、ということを忘れてはいけない。（傍線は追加）

その「信金銀行化論」を１９６７年の金制調委員会ではね除《の》けた全信協小原会長は、引き続き意気軒昂《けんこう》で、１９７０年代はもちろん１９８０年代に至るまでリーダーシップを発揮しました。１９６８年の合併・転換法に対しても「銀行と合併することは事実上銀行になってしまうことを意味する」、「もし合併する必要が起こったとしたら金庫同士の合併として、業界内で処理すべきだ」と述べています。そして全信協の会議や大会等の行事、さらには就任時（１９６６年）以来続けてきた自身の全国信金訪問と津々浦々での「**信用金庫魂**を植え付ける」役職員対話を通じ、信金業界からの離脱を食い止めようとしました。

小原会長（業界最大手の城南信金理事長でもあった）の「自ら音頭を取る」その姿勢は、相銀業界までもが賞賛しました（第21講で見るように相銀業態では大手ほど〝普銀化〟志向がありました）。そして同会長率いる信金業界の結束力は、合併・転換法による信金業界の勢力「減殺《さい》」が1970年代に至るまで一件も起こらなかった（第5講の図表5参照）ということにも表れています。

2.「より『信用金庫らしく』なろう」という模索

1970年代が進んでいっても、「『信用金庫』の名を決して奪われないよう、『信用金庫らしさ』とは何かを突き詰めて考え、より『信用金庫らしく』なろう」ということが、少なくとも業界レベルでの取り組みとしては大切な目標でした。しかし第11講の2.で見たように、元々戦後の中小企業の資金難を背景に、大蔵省としても応急措置的に考え出した「協同組合ではない〝協同組織〟」というあいまいさを、信用金庫制度は確かに持ってもいました。その制度に良い「肉付け」をするのは、なかなかの難題でしたが、信金業界はその努力を続け、それは令和の今日まで続いていると言ってよいでしょう。

第10講の3.で見たように、1950年代から信金業界の結束力の代表的な表れ方の一つは、「○○…ヵ年計画」・「○○基本方向」等の「業界指針」を継続的に打ち出していくことでした。1969年の「躍進5ヵ年計画」においては、先に述べたように「信用金庫らしさ」を考えに考え、その一つの成果として、次のような取組み姿勢が打ち出されました。

①「信用金庫本来の『大衆路線』の堅持」、すなわち「中小零細企業者や一般大衆層への定着を確固不抜のものに」すること。

②「信用金庫の持つ独自性の発揮」こそが大切であり、その独自性は「中小企業金融専門金融機関・地域金融機関・会員制度―協同組織金融機関」の3側面からなる。

③「全戸会員・全戸利用を目途とし、事業はつねに多数者利用を原則として、先数・口数等の増大に眼目をおいた運営をはからなければならない。」（傍線は追加）

これらの強調点のうち、①は「信用金庫の3つのビジョン」、②は1968年金制調答申に、各々沿おうとする姿勢の表れでしょう。そして③は①・②の実現のための戦術であるとともに、「全戸会員・全戸利用」という標語には1950年代の非大都市部信金に残っていた戦前の産業組合時代の雰囲気も感じられます。

第8講・第9講で見たように、戦前の市街地信用組合時代から「ムラ社会」的性格の濃い産業組合と肌が合わず、また信用金庫制度自身「組合色」をかなり払拭するものでした。しかし「信用金庫の原点に帰ってもう一度考え直し、ビジョンと具体的方向性を打ち出す」という、「自分探し」ならぬ「自業態探し」の過程では、やはり「産業組合時代の理念」や「協同組合のあり方」も参考にされ、また実際に役に立ったのでした。

3.「地域密着型」の「地域金融機関」という自覚の形成

『信用金庫40年史』［1992］は、信金業界の営業活動が1973～74年度あたりを境に「大きく変貌する兆しをみせ」、信金業界は「協同組織による会員制度のあり方を再認識して地域によりいっそう密着し、人的結合をより強める方向で営業活動の見直しをはかった」と記しています。[4] その戦略転換の背景には第6講で見た銀行の「下方攻勢」（中小企業融資の強化）や「大衆化路線」（一般個人の小口多数取引の強化）もありました。

すでに2.で見た「躍進5ヵ年計画」にも**「地域金融機関」**という言葉が現れ（②の項）、また「全戸利用」など「町内・集落を一軒一軒ドブ板を踏んで訪ね歩く」という今に至る「信金らしい」営業推進姿勢が現れていますが、1970年代が進むにつれ、信金業界は**「地域密着型」**営業を一層自覚的に推し進めました。

具体的には次の①～③のような営業基本戦略で、これは今日に至るまで多くの信用金庫で受け継がれています。[5]

①**地域主義**：営業店のテリトリー（営業推進範囲）を1)全人口利用が可能な範囲、2)店頭誘致が可能な範囲、3)訪問活動の効率化が可能な範囲、4)顧客管理が可能な範囲、5)サービス機能の発揮が可能な範囲、に限定

②**軒・先・口数主義**：法人・個人を問わず軒並み全戸訪問によって、まず「軒」（取引世

帯）の増加をはかり、取引が始められた「軒」には深耕して「先」（取引顧客、従業員を含む）の増加をはかり、さらに取引「先」に深耕して「口数」（取引口座数）の増加（すなわち複合的取引の推進）を図る

③専門主義（信用金庫の独自性）

【1】協同組織性…会員数の増加

【2】中小企業専門性…中小企業、中でも都銀等の手が回りかねる小口・零細の事業を積極的に開拓し、預金（積金）から始め徐々に融資取引へと深耕

【3】地域金融機関性…上記①②の活動に加えて「信用金庫も地区内の一住民であるとの自覚のもとに、あらゆる機会をつうじて地域内の人々と交流をはかり、地域社会にいっそう溶け込む必要があるという考えを徹底させる」

（箇条書きに変更、番号・傍線は追加）

なお、③の【3】にある「あらゆる機会をつうじて地域内の人々と交流をはかり、地域社会にいっそう溶け込む」という姿勢は「地域協調しんきん運動」（1972年4月～1974年3月）に結びつきました。地域を足場にして信用金庫の業績向上を図るという姿勢ではなく、「会員・顧客を大事にすることを第一とする方向に転換しよう」という運動で、[6]平成期以来の「信用金庫社会貢献賞」にもつながる、**「地域社会のために信用金庫がある」**

姿勢を示す業界の実践活動の始まりといえるでしょう。

4.「狭域高密度」型の営業と「融資政策」の確立で融資基盤を固める

先に示した営業基本戦略のうち①（店周を重点的に）および③【2】（銀行攻勢が及びにくい小零細企業を重視）の姿勢の具体化として、**「狭域高密度」**型の店舗配置と渉外活動で地域を知り尽くし、**「裾野《すそ》金融」**に徹する」（「信金戦後史キーワード」参照）という戦略も、業界の多くの金庫で根付いていきました。そのように「信金らしい営業スタイル」・「信金らしい融資姿勢」が見出されていったのも、信金業界の1970年代の「信金らしさ」追求の成果といえるでしょう。

> 信金戦後史キーワード ―― **「裾野金融」**
>
> **「裾《すそ》野金融」**とは、第11講で取り上げた金制調専門委員会の場（1967年）で、全信協小原会長が次のように堂々と語った(7)「信用金庫の存在意義」です。その後、「〝裾野金融〟を担うことが信用金庫の役割かつ発展の礎《いしずえ》である」との考え方が業界に根付いていきました。

［富士山の］白雪に蔽《おお》われた気高い頂は、大きく裾をひいた稜線があってこそ聳《そび》えるものであり、広大な裾野が富士山を支えているのである。…人は、とかく山の頂にばかり目をやって、裾野の存在を忘れがちである。表面的な派手さもなく、人目につかないのが裾野だが、全産業の90パーセント以上を占める中小企業が裾野となって、しっかりと大企業を支えているからこそ、日本の産業は成り立ち、経済の成長が見られるのである。…［中小企業専門金融機関］の役割を果たす信用金庫の使命は重く、意義ある職務を果たしているのである。（傍線は追加）

1970年代後半という時期は、いわゆる「安定成長期」にあたり、中小零細企業も全体としては伸びていたのですが、高度成長期とは違って業種・地域・個別企業による業況の差があり、融資する金融機関にとって審査の重要性は増していました。

ここで少し、1978年当時の大蔵省検査官たちの発言(8)に耳を傾けてみましょう。

（検査官A）「従来から〝ぶら下がり融資〟という言葉がある。つまり、信金は相銀の、相銀は地銀の、地銀は都銀の融資をみて、ぶら下がっていけばなんとなく安定していた。ところがいまや下のほうの金融機関も自主的によく見極めた融資をしなければならない。審査のノウハウを自らよく考えていかなければならない。そういうことが強く要求される時期にきているのではないかという気がする。」

（検査官Ｓ）「現時点で分類率が非常に悪くなっているのは、土地関連融資、レジャー関連融資だが、これなどは審査体制というよりは融資姿勢の問題だ。」

そのような状況下、信金業界では**「融資政策（指針・方針）の確立」**が強調されるようになっていきました。そして（個々の金庫によって濃淡はありましたが）「銀行が相手にしない小零細の融資先を積極的に開拓し、多数者利用を促進する」という方針が「融資政策」の基本線になっていきました。それに加え、住宅ローン・消費者ローンの推進、信用保証制度・制度金融の活用など、今の信金業界の融資取組み姿勢にもつながるような推進項目が定着していきました。

5. 第2部（信用金庫の戦後史）の結び

第1部の終わり（第7講6.）で紹介した、あの信金マンの姿を振り返ってみましょう。バブル経済の終わり頃、彼は都銀のビル建設資金融資の誘いを受けていた取引先の肉屋さんに対し、「肉屋やりながらそんな大金返せるの。いいいい、しっかりしてよ。改築資金ぐらいならこっちが出してあげるから」と即座にアドバイスし、肉屋さんも都銀に対し断ったのでした。

彼のその言葉を裏打ちしていたのは「信金らしい融資とは何か」という理念、小零細企業を見る熟練した眼であったのではないか、と第7講でも述べました。実際、本講で見てきた1970代後半の「信金らしい融資とは何か」を真剣に考え続ける業界の姿勢は1980年代になっても続き、第7講の後半でふれたバブル経済の時代にもさほどブレませんでした(個別の金庫でバブルに流された例はありましたが)。

本講4.の中の「信金戦後史キーワード」で全信協小原会長の**「裾野金融」**という言葉を紹介しましたが、その出所本(注(7)参照)のタイトルは**『貸すも親切貸さぬも親切』**です。信金業界にとってはもちろん大切な「融資のモットー」ですが、お隣の信組業界はもちろん、相銀さらには地銀でも、心ある融資・渉外担当者であれば心に置いてきた、いわば「庶民金融機関の融資のこころ」を代表する名文句でしょう。

あの肉屋の主人はおそらく、信金マンの言葉にそのこころを感じ、考え直したのではないでしょうか。

(1)「中小金融疎通への今後の課題:座談会」(特集制度改変下の信用金庫経営)、『金融財政事情』1967年11月20日、29頁

(2)以下、本講は次の拙稿の3節「信金業界の『信金らしさ』追求の試み」をベースにしています(省いた参照文献等についても同稿をご参照):由里[2023b]、「1970年代相互銀行業界の戦略的迷走」

（3）「座談会：原点に帰って今後の方向の見直しを――法制定20年目の課題を探る――」、『金融財政事情』1971年9月27日、44頁
（4）『信用金庫40年史』［1992］、391頁
（5）同、391－396頁
（6）同、405－406頁
（7）小原鐵五郎［1987］、『貸すも親切貸さぬも親切』、東洋経済新報社、39－40頁
（8）「銀行局金融検査官座談会：資産内容の健全性保持が長期的な戦略課題に」、『金融財政事情』1978年11月20日、29頁

第3部　しんくみの戦後史

——そのルーツ、あゆみ、〝事件〟——

第13講

枝分かれした信用金庫としんくみ
――1949年協同組合法が生んだ多様な組織からなる業態――

1. 実質的に戦後派のしんくみ業態

第2講2.の図表1の略図、また詳しくは第8講2.の図表11が示すように、「信用組合」という金融組織の名称は、明治期（1900年）に「産業組合法」ができた時以来のものです。ここがまず混乱の元なので「ご注意！」なのですが、それでは戦後のしんくみ※業態は、戦前から続いてきた業態と言えるのでしょうか？

※第3部（信用組合の戦後史）は、筆者の論文以外に全国信用組合中央協会（「全信中協」）の業界機関誌『しんくみ』に連載中の「昭和期しんくみのルーツとあゆみ」をベースにしています。そこでは、信用組合業界が愛着を込めて用いる**「しんくみ」**という語を意識的に用いてきましたので、この第3部でもそれに沿いたいと思います。具体的には、①戦後の信用組合業界の理念や特性を意識して書く文脈において、また②諸信用組合の集合的総称として、「しんくみ」という言葉を用いることにします。

図表17は、２０１９年４月（平成の最終月）時点の１４６しんくみの創業年をグラフ化したものです。

この図から明らかなように、今あるしんくみのほとんどは戦後に設立されたものです。中でも昭和27年（１９５２年）の創業が最多（25組合）で、その前後の年にも創業が多く、昭和25～29年（１９５０～54年）の合計では81組合となり、１４６組合全体の約55％の創立年が集中しています。

信用金庫の部の第８講でもふれたように、そもそも戦前の「信用組合」のほとんどは農村部の産業組合の〝金融課〟のような存在でした。それらのほとんどは、戦後１９４７年の制度改正で農業協同組合になりました。そして、第９講１．でもふれたように１９４９年に協同組合法ができて旧市街地信用組合が一

図表 17　平成末時点の 146 しんくみの創業年 *

*法的には新立合併等の年が「設立年」であっても、当該信組が元の信組の設立時を始期として「沿革」を記している場合、後者の年を「創業年」としています

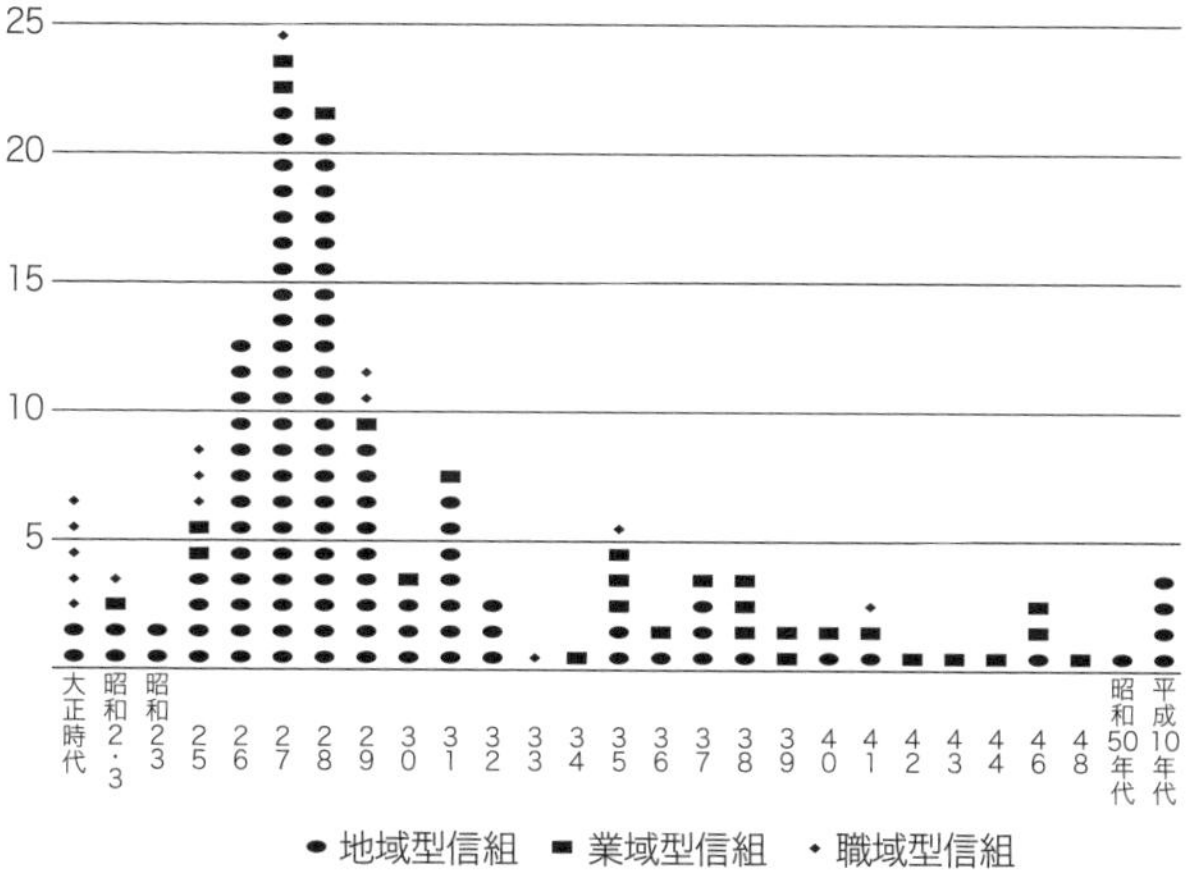

出所：「昭和期しんくみのルーツとあゆみ②」（筆者の連載第２回、『しんくみ』2019 年６月）
（筆者作図の原図を一部改変、原データ出所等は同稿を参照）

時的に「信用組合」になりましたが、すぐさま1951年に信用金庫法ができ、信金に転換して離れ去っていきました。

しんくみ業態は、その信金業態離脱の後に何百という数の組合新設が起こり——この様相は次の第14講で見ます——出来上がっていった、実質的に戦後派の金融業態なのです。

2. 金融機関より協同組合が合うタイプの旧信用組合はしんくみにとどまった

「しんくみ業態は実質的に戦後派」と言いましたが、個別の組合の中には戦前に産業組合法のもとで設立されたものもあり、もう少し説明が必要です。

まず、すでに図表17でも「地域」・「業域」・「職域」と記号を分けて描かれていたのに「スルー」してしまった、しんくみの3つの種別について簡単に説明しましょう。

しんくみ業態の根拠法である**協同組合法**（正式名称は「中小企業等協同組合法」）は、その第8条4項で「組合員たる資格」を持つ中小零細事業者・個人の範囲の決め方として、①「地区」による場合、②「地区と事業の種類」による場合、そして③勤労の場による場合、という3種類を定めています。それゆえ、しんくみには①**「地域型」**、②**「業域型」**、③**「職域型」**の3つの種別があるのです。

この「しんくみ制度の基礎知識」を頭に置き、図表18を見てみましょう。この表は、1951年の信用金庫法を受けて、当時の信用組合が信組・信金のいずれを選び取ったか、地域・業域・職域のタイプごとにその概略をまとめたものです。

しんくみの3つの種別のうち、②の業域型と③の職域型とは、そもそも信用金庫（それ自体「地域型」です）への転換対象外で、また組織の運営スタイル的にも協同組合色が強く、しんくみに留《とど》まりました（28組合）。

①地域型については、「しんくみ制度の中級知識」がこの表の理解のために必要です。まず、表の「地域型信組」の下にある3つの区分のうち、「市街地信用組合系」と「市街地信用組合系以外」については、第8講・第9講を読まれた方には分かりやすいかと思いますが、大まかに言えば、前者は「都市部の金融専業の組合」、後者は「主に非都市部の、金融専業もしくは（生協のような）共同購買・販売も兼業の組合」ということです。

その2タイプの中で「市街地信用組合系」はほ

図表 18　1951 年の信用金庫法を受けての各種しんくみの「選択」

		地域型信組			業域型信組	職域型信組
		市街地信用組合系	市街地信用組合系以外	県商工信用組合系		
信用金庫（本来的に地域組織）への改組の適格性		転換対象（但し出資金規模要件等あり）			非転換対象（但し地域組織となれば可）	
1949年協同組合法で信用組合になる以前の根拠法		市街地信用組合法	産業組合法（但し新設組合も）	――（協同組合法下で新設）	産業組合法（但し協同組合法下の新設が大半）	産業組合法（但し協同組合法下の新設が大半）
信金改組の有無[*]	主な動向	1組合除き信金に改組	多くが信金に改組	信組にとどまる	信組にとどまる	信組にとどまる（後に労働金庫に転換4組）
	とどまった信組数と主な理由	1組合（大聖寺信組[福井県]…経緯未詳）	39組合 協同組合理念／規模拡大志向せず／県監督望む	4組合 県域全体の中小企業組合向けの事業の継続	28組合 上記のように転換対象でない	上記のように転換対象でない

*1951/10～1953/6 で合計 560 件の改組

出所：『信用組合史』[1976]、191–196 頁をもとに筆者作成

ぼすべて、「市街地信用組合系以外」も大多数が、信用金庫に転換しました。しかし後者の中では、①小規模なため信金転換に求められる出資金基準の達成が難しかったり、②しんくみならば大蔵省ではなく地域の事情の理解がある都道府県の監督を受けられる、③「協同組合」であることに誇りを持ち組合員もそれを望んでいる、などの理由でしんくみに留まったものも39組合に及びました。

「地域型信組」の下にある3つの区分のうち、最も右の**「県商工信用組合系」**は、協同組合法（1949年）のもとで「県域全体の中小企業（およびその協同組合）向けの金融事業」のために県の商工振興部署も支援して設立されていたしんくみでした（兵庫県・茨城県・新潟県・長野県の各「商工信用組合」）。それらは、信用金庫へ改組すれば地域の限定を余儀なくされ全県的な業務ができなくなるため、しんくみに留まったのです。

3. 1949年協同組合法は「時代錯誤的」ではなかった

2.で「しんくみに留まった理由」を書く、その筆運びのなかでもチラチラ表れていたのですが、筆者——そしてしんくみ業界自身はもちろんのこと——は、協同組合法を評価しています[(1)]。

第9講では旧市街地信用組合業界の目線に合わせ、同法を「GHQの押しつけ」風にも書きました。しかし、「協同組合は民主的」と述べてGHQにも売り込みつつ、協同組合法に信用組合までを含めようとした中小企業庁、そしてそれを支持する**「協同組合主義」**の論者たちの側には、その時代の中小企業金融の必要性に即したビジョンもあったのです。

戦前からの工業組合の実践家で「協同組合主義」の代表的論客の一人であった川端巌の文章を引用してみましょう。(2)

…わが国の伝統的商工組合制度から国際的な協同組合制度に転換したことは、組合史の上から着目すべき大転換であり、組合運動の将来に対して大きな理想に向って進発したのである…。

中小企業者の預金は凡《すべ》て信用協同組合に預けることゝすれば、事業資金が必要の場合には信用組合から借入れることができる。…中小企業の自主的な運動によって、その社会的地位の向上を図ることができるのである。（改段）このことは農業では大体実行されていることである。

中小企業――事業協同組合――信用協同組合［補足：典型が〝県商工〟］――商工中金の線［補足：系統金融］を確立すべきである。（傍線は追加）

「占領下日本」という当時の特殊な制約条件のもと、GHQのきわめて厳格な「集中排除」・「独占禁止」の政策方針という「特殊な制約条件」を、GHQの賛同が得やすい中小企業の協同組合化の積極的推進というかたちで、日本経済のポジティブな推進力へと変換しようと、商工行政の官僚たちが苦慮し政策的創意を働かせた成果が協同組合法でした。同法自体は決して、旧市街地信用組合業界が批判したような「時代錯誤的理念」に基づくものではなかったのです。

しかしながら、右の引用文中で川端が述べる、農業分野の「系統金融」に匹敵するような中小企業（組合）にとっての「系統金融」を作り、しんくみもその重要な要素として位置づける、というビジョンは、商工中金と農林中金との大きな資金力の差、そして信金業界が離れ去ったことで、実現可能性を失ってしまいました。

結局のところ、しんくみ業態は「系統」うんぬんではなくそれ自身として、信金業態とは別個の、業態の存在価値を見出さねばならなくなったのです。

2．でも見たように、そもそも業域型と職域型のしんくみは、（地域型の）信用金庫と別個の存在意義を持っていることは明らかで、また組織の運営スタイル的にも協同組合色が強く、協同組合法が根拠法であることに違和感はありませんでした。先の図表18の地域型で「県商工信用組合系」の場合も、信用金庫法の「地区」（第10講2．参照）が県域全体に及ぶことを想定していないこと、また設立以来中小企業の諸協同組合の「お金の世話役」を担《にな》ってきたことからも、協同組合法と親和性がありました。

4.「相互扶助」の協同組合精神

そして地域型でもう一つ、2.で「③『協同組合』であることに誇りを持ち組合員もそれを望んでいる」という理由でしんくみに留まった組合もあったのでした。そういう組合こそ、協同組合法の「精神」を体現するものと言えましょう。

ノーベル文学賞・平和賞候補にも挙げられた世界的にも著名な協同組合運動の指導者、賀川豊彦は、信用金庫法が制定された当時、東京の中ノ郷質庫《しちこ》信用組合（現中ノ郷信用組合）の組合長の職にありました。

以下の引用文は、信用金庫への改組の期限（1953年6月）が過ぎた翌年、1954年6月の組合員大会における賀川組合長の挨拶の一部です。(3)

今日数多い庶民金融機関の中に、中ノ郷質庫信用組合が、敢《あ》えて、協同組合に固執しているのは何故でありましょうか？ また質庫事業を公益質屋のごとき福祉事業とせずして、協同組合事業として経営しているのは、何のためでありましょうか？

申すまでもなく、信用協同組合は中小企業者や勤労者が、小さいながらもお互いの信用を持ち寄り、扶《たす》け合いにより金融を図ることを目的とするもので、それは営利を目的とせずまた直接国家からの補助・助成によって経営するものでもありません。その組織と運営の精神は、常に自助と協同を標語として組合員による民主的、自主的に経営をなすことを信条とするものであります。（傍線は追加）

引用文中にもあるよう、またその名が示すよう、中ノ郷質庫信用組合はユニークなことに質屋業も兼営していました。協同組合法にそのような組合を認める柔軟さがあったことも信金転換をしなかった理由の一つであったでしょう。しかし何よりも、「お互いの信用を持ち寄り、扶《たす》け合いにより金融を図る」という**「信用協同組合」**――この名称こそが協同組合法による本来の名称で「信用組合」は簡略形です――の精神をこの組合により実現したいという、賀川組合長をはじめ役職員たち、組合員たちの思いが、このユニークな組織を守ったのでした。

「相互扶助」という**協同組合精神**は、しんくみ業界のモットーとして今日まで引き継がれています。次の第14講で述べるように、１９５０年代が進むにつれしんくみ業界では新設の地域型しんくみが激増し、また規模の拡大もあって「信用金庫との同質化」も生じました。しかし、前述の業域型と職域型のしんくみ、そして中ノ郷をはじめとする少数ながらきらりとユニークな地域型しんくみの協同組合的な営みを、しんくみ業界全体が「灯台」とすることで、信金業界とは違った理念的基盤を保ってきたと言えましょう。

（1）本講の3.以下は、次の拙稿をベースにしています（省いた参照文献等についても同稿をご参照）：由里［2021c］、「信用組合業態の根拠法と理念の在処《ありか》との懸隔」

（2）川端巌［1949］、「協同組合主義と中小金融」、『中小企業協同組合』、1949年11月

（3）中ノ郷信用組合五十年史編纂委員会（編）［1979］、『中ノ郷信用組合五十年史』、121－122頁

第14講

押し寄せる小零細事業者の資金ニーズとしんくみ

――地域型しんくみの簇生《そうせい》と若いしんくみの奮闘――

1. 復興期の小零細企業の金融ニーズに応じるべく急増した地域型しんくみ

第13講で見たように、1951年の信用金庫法施行から1953年6月の信金転換期限までに、既存の旧信用組合のうち、わずか72組合しか協同組合法下のしんくみには留《とど》まりませんでした。

しかし、そのまましんくみ業態が100組合に満たない衰退状態になったのではありません。信金転換期間中の1951〜52年度においても241組合の新設があり、しんくみの数はボトムでも300台を維持しました（図表19）。

信金転換の時期が終わった1955年3月期からは、新設組合の増加の勢いがそのままトータルの組合数に効いてきて、最下行の1960年3月期には472組合と、1951年3

月の636組合との比較でも約4分の3の組合数にまで回復しています。

このすさまじいと言ってもいい組合新設の勢い——本講のサブタイトル中の「簇生《そうせい》」は、にょきにょき生《は》え出て茂る様子——は、次の2．で述べる「小零細事業者の資金ニーズが押し寄せた」がゆえです。そして1959年度までに約400ものしんくみ（ほとんどは地域型）が新設されました。

そのことは、戦前の産業組合時代においても、また1949年協同組合法前後の「協同組合主義」論議（第13講3．）の頃にも「しんくみ人」としては過ごしたことのない、新たな組合リーダーたちがしんくみ業界の多数派になったということも意味しました。

このことは第15講で見る「しんくみと信用金庫との違いとは？」、また第17講で見る「〝地域型しんくみ〟の理念とは？」といった問題にもつながるのですが、創業そして急成長の当時は、ともかく「つべこべ言わずに店の

図表 19　信用組合数ならびに業界集計データの推移

（1951年3月末～1960年3月末）

※53年6月が信金転換期限　　各年度末、各計数とも表示桁未満は四捨五入

(1行目は信金制度以前)	組合数	信金法後の残存組合	信金法後の新設組合	調査できた組合数	(千人)組合員数	(億円)預金	一組合当り	同増加率	組合員当り(万円)	(億円)貸出金	預貸率
1951.3	636			635	900	482	0.76		5.4	338	70%
1952.3	321	(262)	(54)	315	358	125	0.40		3.5	91	73%
1953.3	318	(126)	(187)	312	358	179	0.57	45%	5.0	138	77%
1954.3	333	※(72)		*228*	*255*	*181*	0.79	38%	7.1	*157*	87%
1955.3	373			369	463	353	0.96	21%	7.6	301	85%
1956.3	415			415	552	503	1.21	27%	9.1	453	90%
1957.3	433			433	639	703	1.62	34%	11.0	622	88%
1958.3	447			447	727	897	2.01	24%	12.3	792	88%
1959.3	462			462	774	1,143	2.47	23%	14.8	980	86%
1960.3	472			472	852	1,504	3.19	29%	17.6	1,272	85%

付注）『信用組合史』「資料編」、338頁に「1954年3月期は調査組合比率が特に低いので注意されたし」との旨の注記があり、本表ではその「注意」が必要な数値はイタリックとした

出所）『信用組合史』[1976]、199頁・215頁および「資料編」338–339頁より筆者作成

窓口と組合の資金繰りが回るようにしろ！」といった感じで、しんくみの役職員たちはひたすら忙しく働いたのでした。

2.「信用金庫の網の目から脱落する」小零細事業者の資金ニーズが押し寄せた

第9講で見たように、信用金庫制度を設計した大蔵省は元々、協同組合的な運営が似合う業域型、職域型そして小都市・郡部の小規模な地域型の組合だけで、こぢんまりしたしんくみ業態を構成すれば良いだろう、という考え方でした。

しかし1.で見たような1950年代のしんくみ業態の急成長と、既存・新設を問わずしんくみの店の窓口に押し寄せ続ける組合員たちの波に大蔵省も目を見張り、その考えを改めました。

同省官僚の手になると推察される一つの論説は、小零細事業者の金融ニーズの充足にとって不可欠な存在へと急成長したしんくみ業界に対し、次のように「賛辞」を送っています。(1)

そもそも大蔵省が昭和26年に信用金庫法を制定して従来の信用組合のほとんど大半を信用金庫に組織替えしたときに、残存した信用組合を中心とした新しい信用組合群の今日の躍進振りについておそらく想像だにしなかったことであろう。…旧制の信用組合が信用金庫に組織替えを行って、より金融機関的な色彩をおびるに従って…協同組合的なものから一層銀行的な性格に発展して、中小企業のうち零細企業といわれる層がこの［信用金庫の］網の目から脱落する運命を招来することについては、おそらく予見だにされえなかったことであろう。その後、やみ金融といわれる街の金融機関が続出して甚大な被害を及ぼしたことを考えても、なお信用金庫のベースに乗り得なかった零細業者がいかに多かったかが想像されるのである。

信用組合はこのような経済情勢の中において零細事業者の求める絶対的な必要性のもとに生まれたものであるといってよいであろう。わが国の産業構造に占める役割からいってもその必要性を裏付けることができるし、また貸出一人当りの金額からみてもその対象がさらに零細であることは十分に実証されている。（傍線・傍点は追加）

3. 押し寄せた小零細事業者の資金ニーズに応えるための資金集めの苦労

しかしながら、そもそも小零細で資金に事欠く借り手が、「大波」となって窓口に押し寄せれば、各しんくみの貸出原資はすぐに枯渇してしまうでしょう。信金業界の場合、すでに中央金融組織の全国信用金庫連合会（「全信連」、現在の信金中金）の資金基盤があって、資金不足の信金をサポートできました。しかし実質的に戦後派の若いしんくみ業界の場合、全国信用協同組合連合会（「全信組連」）自体も1954年設立で、よちよち歩きの状態でした。

事実、多くのしんくみは草創期には資金が十分確保できず、「全面的には［借入］要望にこたえることができなかった」り、[2]「金庫の中に現金が無くなって早く閉店時間にならないかと時計を拝んだこともあった」[3]といった苦境を記す個別組合の年史も散見されます。

しかし大体どの組合の場合も、創業後数年以内には預・貸の業容が順調に伸びた、との年史の記述が現われ、融資を求めて引き続き押し寄せる小零細事業者たちに、それなりに対応できるようになっていったことがうかがえます。

その背景には、各信組の役職員たちの様々な労苦があったでしょうが、多くの年史を見ても、その迫真的な様相はあまり記されていません。次に引用する「証言」は、中小企業協同組合系の雑誌で見つけた座談会録[4]からのもので、迫真味があって貴重です。

座談会①太田正徳（長野県商工信組理事長）

［銀行は長野・松本に多く支店を置くが］私の方は、アルプスの上高地まで地下タビはいて預金集めに行くんです。それから北信の方はスキーの野沢温泉まで行く。…銀行は…大口があれば行きますけれども、小口はあっても行きませんよ。（27頁）

座談会①山屋八万雄（全信組連理事長、永代信組組合長）

…そうなりますとこんどは、［職員一人当りの預金額を増やすため大口客狙いで］観劇［券］とか旅行［招待］とかいうことになる。大銀行では、かりに私が5百万、1千万という金を預金しておったって、一年に一度も招待したことはない。だけど私

〔永代信組〕のほうは、50万円を一年ぐらい動かさないためには一人たいてい4千円ぐらい招待費がかかるんです。このくらいかけないと預金が落ち着かない。（28―29頁）

座談会②久村千年（岐阜商工信組参事）

…私の方で職員が現在約70名いるが、その過半数といっていいくらい、約50名近いものが得意先係でやっている。（31頁）

…外務員〔得意先係〕がサービスしなければ、信用組合というのは普通の銀行と違いまして、〔客が当然のように出かけてくる〕窓口がないんですね。…貸付を受ける時とか、よほどでないとこないわけなんです。そうすると、どうしても外務員がやる。それには精神状態がよくなければならない。（33頁）

〔岐阜駅前の繊維問屋街の〕一つの〔取引先の〕店舗に行きますと、各金融機関の出先部門が、毎日3人や4人ぶつかっちゃうんです。（2文略）そうすると、お客さんの方から〔定期預金の金利やサービスを〕比較されるんですね。そこでたとえば1年に5百万円ぐらい定期を預ける人があるとすると、普通は大体満期の2カ月ぐらい前にサービスにかかって、〔定期〕継続の勧誘にかかればいいんですが、ところがそこの部門になりますと、受入れたその日からサービスにかからないと、引出されてしまう。それで受入れたその日から、毎日、とにかく〔事務が〕あってもなくても、子どもさんのお菓子を持って行くとか、そういうようなことを支店長がやる。

それで一番問題になりますのは、どうしても［組合員になるための］出資なんですが、普通銀行、相互銀行なんかと比較されるのは出資なんです。金利の面ももちろんありますが、一番迅速化をはからなければならないということも重要な問題になってくる。

（34頁）

（傍線は追加）

＊＊＊＊＊＊＊＊＊＊＊

「資金を何とかして回らせる」その工夫の第一は、ほぼ借りないことがあらかじめ「読める」事業主や非営業性個人に、なるべく多く組合員になってもらうことでした。長野県信組が「小口でも信濃の深い山中まで預金を集めに行く」その先は、借り入れはほぼしない（またはもっぱら農協で借りる）山持ち、スキー場関係者などであったでしょう。永代信組が観劇券・旅行招待を差し出す相手は東京下町の小金持ちであっただろうし、それ以上の金持ちに食い込もうとすれば、岐阜商工信組の「支店長が繊維問屋の〝ぼっちゃん〟・〝お嬢ちゃん〟にお菓子を差し上げる」サービスまで必要でした。

当時、組合員以外からの**「員外預金」**は、組合員の家族や県・市町などの預託金を除き禁止されていました（信用金庫では会員以外からも無制限に資金を集められました）。そのため、座談会②の久村参事（岐阜商工信組）の「一番問題になりますのは、どうしても［組合員になるための］出資なんですが…」という発言が示すように、財務基盤がある老舗《しにせ》問屋など、相手に借入れニーズがない場合、銀行・相銀・信金と比べて「余計な手間を取らされる」出資の手続きに対し、お客からは文句が出たでしょう（「せっかく預金してやるのに何だこの手間は！」など）。同じ久村参事の「外務員の精神状態」をしきりに気遣う発言（引用した箇所以外にも）が示唆するように、「お金持ち」に食い込もうとする外回り職員たちの気苦労は、並大抵ではなかったと察せられます。

先に「大体どの組合の場合も、創業後数年以内には預・貸の業容が順調に伸びた、との年史の記述が現われ」と述べました。１９５０年代のなかば頃には高度成長期が始まり、小零細事業を営む組合員たちの事業も成長したでしょう。それが事業性預金や関連預金の伸びにつながり、「取引振り」（第6講1.「ワンポイント図解」参照）も向上しました。特に業域型・地域型の諸しんくみの場合、そのような「かつて手を差し伸べた小零細組合員たちによる預金の形での〝恩返し〟」もまた、綱渡り状態だったしんくみの資金繰りを落ち着かせてくれたと思われます。

4. 民族系しんくみの各都道府県での設立

しんくみ業態の草創期に関する第13講・第14講を終える前に、「地域型」のあと一つのタイプ、**「民族系しんくみ」**について述べておきたいと思います。

「信用金庫の網の目から脱落」せざるを得なかった小零細事業者のなかには、日本の旧植民地の台湾や朝鮮半島にルーツをもつ人たちも大勢いました。次の引用文は、『信用組合広島商銀30年史』が１９５０年代後半（同組合設立直前）の「同胞」在日韓国人たちの金融的苦境を述べるくだりです。[5]

> 急な景気復興の中でも、在日韓国人中小企業者は強い金融差別を受け、経営基盤も定まらなかった。また、事業を起こすにもその資金はなく、借りる当てもなく、同胞で助け合う術《すべ》もなく、全てないないづくしの厳しい状況に置かれていたのである。（改段落）このまま放置しておくと、日本経済が大きく発展していく中で、韓国人は社会の片隅に追いやられて、前途は計り知れない事態になることが憂慮された。

１９５４年頃、大蔵省は信組業態に関しても新設を抑制する方針に転じます（その前から信金業態に関しては新設を認めない方針でした）。しかし韓国系・北朝鮮系の同胞たちはその頃ようやく、しんくみ設立のための資金集めが可能な経済的・社会的状況になってきていました。それで大蔵省は、新設を厳しく抑制する方針の「地域型」のなかでも民族系しんくみだけは例外的に、設立を認め続けました。その結果、民族系しんくみの総設立件数は図表20のように約80件にも達し、しんくみ業界の**「第4の類型」**とも呼べる存在へと発展したのでした。

しんくみ業界全体にとっても、大蔵省の新設抑制方針のなかで民族系しんくみが設立され続けたことの「業界パワーアップ効果」は大きいものでした。１９６０～64年度の新設66組合のうち24組合は民族系でした。また第5講で見た「業態横断的な生き残り競争」を促す１９６８年合併・転換法の施行以降、民族系以外の地域系しんくみの新設は皆無（それどころか相銀・信金による吸収合併続出）でしたが、民族系しんくみは新設が続き、毎年の新設組合数の過半を民族系が占めるという状況が続いたのでした。

図表20　民族系しんくみの新設一覧

年（西暦下2桁）	商銀系（韓国）	朝銀系	華銀系（台湾等）
51			大阪
52	（当初両系協調）	東京・神奈川 兵庫	横浜
53	大阪（商銀）	茨城・愛知 京都・福岡	
54	東京・愛知 京都	岐阜	
55	大阪（興銀）	福島・大阪	
56	三重・神戸 熊本		
58	福岡	埼玉・大分	
60		千葉・静岡 三重	
61	広島	広島・山口	
62	横浜・岡山	岡山	
63	埼玉・千葉 滋賀・和歌山 山口・長崎	群馬 長野・福井 和歌山	
64		栃木・新潟 滋賀・奈良	
65	北海道 静岡・福井 岐阜・奈良	北海道	
66	宮城	宮城	
67	新潟		
68		青森	
69	青森・岩手 石川	岩手・石川	
70	秋田	秋田・富山	
71	富山・島根	島根	
72	群馬		
73	茨城	愛媛	
76	長野		
77	栃木・大分	佐賀・長崎	
78	高知・佐賀		
83	福島	香川	

出所：「昭和期しんくみのルーツとあゆみ⑩」（『しんくみ』2020年10月）
（筆者作表の原表を一部省略、原データ出所と組合名称に関する注記は同稿を参照）

（1）X・Y・Z（ペンネーム）［1957］、「信用組合の当面する課題とその在り方」、『金融財政事情』、1957年10月21日
（2）弘容信用組合20年史編纂委員会（編）［1974］、『弘容信用組合史』、61頁
（3）［上田商工信用組合］創立30周年記念事業推進委員会（編）［1984］、『未来《あす》へ―うえしん30年の歩み』、7頁
（4）本文における「座談会①」は「信用組合当面の諸問題」（『中小企業協同組合』1956年8月）、同「座談会②」は「信用組合の窓口から見る」（同誌1956年12月）
（5）信用組合広島商銀30年史編集委員会（編）［1992］、『信用組合広島商銀30年史』、7頁

第14講 押し寄せる小零細事業者の資金ニーズとしんくみ

――地域型しんくみの簇生《そうせい》と若いしんくみの奮闘――

第15講

地域型しんくみをめぐる信金業態との「棲《す》み分け」問題

―そして信金とかぶらない業域型・職域型しんくみの存在―

1．地域型しんくみを問題視する信金業界との金制調での「公式論戦」

前講で見たようなしんくみ業界の急発展、とりわけ地域型しんくみの伸長は、1950年代半ばには信金・相銀など隣接金融業界からも注目される存在になりました。それと同時に、特に信金業界からは、店舗展開・預金吸収などにつき「ライバル視」される度合いも増しました(1)。

信金業界の批判の矛先《ほこ》は、しんくみの「濫《らん》設」をもたらした信用組合の都道府県監督制にも及び、さらには「地域型」信用組合を制度的に廃止し近接信組同士を（信金の認可基準に適するよう）整理統合のうえ信金に転換させるべき、との過激な主張まで台頭しました。

そのような信金側からの声とは別に、しんくみ業界側にも員外預金の制約（第14講3．後半参照）の緩和や業務範囲拡大の要望がありました。そこで、１９５６年7月に発足した**金融制度調査会**（以下**「金制調」**）の2年目（１９５７～58年）の議題の一つとして「協同組織による中小金融制度について」が検討テーマに上がり、「協同組織による中小金融制度に関する制度専門委員会」（以下「専門委員会」）を設けて議論されることになりました（**「信金・信組の業務分野調整１９５７年ラウンド」**［筆者の呼称］）。

信用金庫の部の第11講2．で述べたように、「金融制度の行司役」である大蔵省は、異なる金融業態（今の場合、信用金庫と地域型しんくみ）の**「棲《す》み分け」**を重視していました。「金融業態ごとに受け持つ金融業務の分野が異なり、逆に受け持つ金融業務の分野が（多少の重なりはあっても）異なるからこそ、各業態が分立・存在する意味がある」という考え方で、地域型しんくみと信用金庫との「業務分野の重なり度合い」は、同省にとっても「業務分野調整」が必要な「金融制度上の問題」に見えたのです。

信金業界が問題提起し、また大蔵省も議論の必要があると認めた「地域型信組の制度問題」の諸項目は、以下のとおりでした。[2]

①零細事業者を基盤とする「純粋の協同組織」（非組合員の預金・貸出を認めず、地域的にも狭域）による金融事業が健全な経営を確保し、その発展をはかることは本質的に極めて困難である。

②その困難の打開のため、現に、少なからぬ地域型信組は（時に著しく）広い事業区域と多くの支店網を有し、実際上協同体的特質が希薄化しつつあるものも認められる。
③そもそも金融制度上、金融機関的性格が強い信用金庫、中小企業者の相互扶助的・人的結合組織としての性格が強い信用組合、という性格の相違のゆえにこそ、二種類の協同組織金融機関の業態が存在する合理性がある。
④特に地域型信組につき、①②のような実情と③の制度的原則との隔たりがあることは、制度上看過できない問題である。（傍線は追加）

以上の見方に立ち、専門委員会では信金業界側から、地域型信組（次いで業域型信組）につき、地域的・規模的な制限（信金への転換を含む）の要請、および都道府県ではなく大蔵省の直接の監督下に移すこと（それにより信組新設や支店開設に歯止めをかける）などの要請が出されました。

以上のような、主に信金業界側からの「攻勢」に対し、しんくみ業界側は、「信用組合は、相互扶助を目的とする人的結合体としての性格が、信用金庫以上に濃厚であり、このような特質は決して希薄化していない」との反論を繰り返しました。また、「信用組合の零細金融に対する貢献は多大なもの」と、小零細事業者の金融円滑化に寄与している「事実」を訴え続けました。

2.「どうしても信用組合程度の[借り手の]面倒を見る金融機関がなければならない」

先の「相互扶助を目的とする人的結合体（すなわち協同組合）としての性格は決して希薄化していない」というしんくみ業界側の反論に関しては、筆者としては、図表21の東京都・大阪府などの行が示す大都市部の地域型しんくみの大型化（信用金庫との規模・組織体質の接近）の実情などに照らして、違和感もあります。実際、信金業界でも特に地域型しんくみを問題視していたのは、大都市部の諸信金でした。

しかし結局、1958年5月、金制調は「制度面は基本的に現状維持」の中間答申を了承・採択しました。大型化した地域型しんくみを含め、前講で見たようにしんくみが現実に「信用金庫の網の目から脱落する」小零細企業の資金需要に応じようとしてきた、その業界の働きぶりにブレーキをかけないようにする配慮を、大蔵省も金融円滑化の見地から示したのでした。

その直後のしんくみ業界人の座談会で、北郡信組の斎藤重朝

図表21　地域型・業域型・職域型・民族系各タイプの集計計数
（民族系を除く）

（1960年3月末）　単位：百万円

	信組数	構成比	預金額	構成比	一信組平均	貸出金	預貸率
地域型信組	349	79.3%	117,819	81.4%	338	100,430	85.2%
東京都	50	11.4%	33,088	22.9%	662	29,753	89.9%
大阪府	34	7.7%	18,720	12.9%	551	16,686	89.1%
その他	265	60.2%	66,011	45.6%	249	53,991	81.8%
業域型信組	42	9.5%	13,450	9.3%	320	11,505	85.5%
東京都	18	4.1%	8,924	6.2%	496	8,471	94.9%
その他	24	5.5%	4,526	3.1%	189	3,034	67.0%
職域型信組	27	6.1%	5,142	3.6%	190	3,154	61.3%
民族系信組	22	5.0%	8,359	5.8%	380	8,107	97.0%
データ中の全信組	440	100%	144,770	100%	329	123,196	85.1%

出所：全信中協提供のデータ（注（1）記載の拙稿注47参照）に基づき筆者作成

組合長は、金制調論議と中間答申を受け、次のように所感を述べています。(3)

「…［信用金庫］が金融ベースへ乗っけようという線を強く出していけば、［与信基準は］おのずと銀行と同じようになる。（1文略）それでは金融ベースに乗らない金融を、どのくらい面倒をみなければならないかという点は、為政者としては相当考慮しなくちゃならん。（中略）その金融ベースに乗る、乗らんの境い目の人が多い現在の日本の［金融］業界としては、どうしても信用組合程度の［借り手の］面倒を見る金融機関がなければならないし、もしこれを［信用金庫の場合のように］高度化すれば、またその下の金融機関が必要だ。［「境い目」の借り手が多数存在するという］日本の金融制度の弱点がなくならん限りは、信用組合程度の金融機関は絶対必要だ…。」（傍線は追加）

斎藤組合長が言うように、いわゆる「街金《まちきん》」・「質屋」などを除いた大蔵省認可の「地域金融機関」としては、地域型しんくみが最も、信用度に劣る小零細の借り手の面倒を見てきたのでした。それらを仮に信金転換すれば、結局は「信用金庫の網の目から脱落する」小零細企業が再度大量発生し、それに応じる新たな金融業態が必要になるだけだ、というのが斎藤組合長のみならず多くの地域型しんくみの経営者・役職員たち、そして大蔵当局者たちの実感だったのでしょう。

その意味で１９５８年金制調の結論は「現実主義的な判断」でしたが、そのとばっちりで今度は信金業界が、大蔵省の目に「金融制度上の問題をかかえた業態」と映《うつ》ることになってしまったのでした（第10講の４．参照）。

3．業域型・職域型しんくみに実際にあった「協同体的特質」

１．および２．では、（規模が大きい）地域型しんくみに対しては「協同体的特質が希薄化しつつある」などの批判があり、それはある程度実際のことだった、ということを見ました。ほぼ70組合あった（１９６０年3月末時点［図表21］）業域型・職域型しんくみの場合は、どうだったのでしょうか。

そもそも業域型・職域型しんくみは、第13講２．の図表18にも示されているように、１９５１～53年の信金制度導入時においても「協同体的特質が強く協同組合に適する」との位置づけゆえに転換対象外とされた組合群です。また第13講１．の図表17が示すように、信用金庫法（１９５１年）以前からの歴史をもつ、いわば古参組のしんくみの中では、職域型しんくみは高い比重を有していました。

事実、次に①で見るように業域型しんくみは同業の中小企業者同士の、また②で見るように職域型しんくみは職場を同じくする勤労者同士の、それぞれの「協同組合」としての特色を実態的にも濃く持っていたのでした。

①業域型しんくみの事例――同種事業者たち特有のニーズに応える「協同的」金融サービス

1952年の設立以来、東京の食肉市場と参加事業者たちの主たる支え手となっていた大東京信用組合は、以下のような食肉事業者たちの資金的行き詰まりを見かね、東京畜産信用協同組合として設立されました。(4)

…何分にも食肉企業とその取引の慣習は戦争によって一切が破壊されてしまったので、立ち直りも容易なことではなかった。しかしながら、多数の駐留軍の食生活上の必要と国民保健の観点から米食主義の欠陥が指摘され、食生活改善の声が強く叫ばれはじめ、また、農林省の畜産増殖計画の実施により家畜は急速に増産され…食肉の需要は日と共に増大していった。このような状態にかかわらず食肉の流通過程についてはなんらの措置も講ぜられることなく…(後略)

…金融面においてなんらの保証も支援保護もなかったので業界の金融逼迫は当時「補足:1951年後半か」の不況を反映して深刻化した。その上食品衛生法の実施により食肉店舗の衛生設備がやかましく強制されるなど、業界は資金面において殆《ほとん》ど行き詰ったかたちであった。

のちに組合理事長となる森下長平は、食肉小売業者の脆弱な財務基盤と過当競争とが食肉流通の阻害要因となっていること、その解決には（当時動きのあった）当局の規制強化よりも、食肉市場内外での特有の流通・決済制度をよく知る信用組合による金融相互支援と啓蒙活動が効果的と主張しました。東京の食肉業界はそれに大挙賛同し、東京畜産信用協同組合の内認可、業務開始（1952年9月）へとつながりました（なお、同組合は1955年に近隣信組を救済合併したことを機に業域型から地域型へと定款変更し大東京信用組合になりました）。

業域型の二つ目の事例は東浴信用組合[5]です。この組合は東京浴場組合の付帯事業として戦前の1927年に業務を開始しました。その後も同組合との緊密な連携、ならびに浴場業の特殊性と「（公定の）浴場料金闘争」などによる同業者間の強い連帯性とにより、都下一円の浴場業者との取引をほぼ固めきっていました。営業推進コストがほぼかからず、また信用コストも一業種のみの審査なので僅少に抑えられ、貸出金利は10％割れもあるなど、業域型しんくみの中でも真に単一業種からなる「純粋型」として、十分に相互扶助的金融機能を発揮していました。

また、東京・横浜の二つの青果商信組[6]では、青果商特有の青果市場関連の「商流」と資金の流れとを知り尽くした金融サービスを提供していました。東京・横浜各々の事業協同組合と同じ理事長・役員陣のもと、組合員の商流に伴う資金がほぼ自動的に捕捉され、しんくみが納税事務まで代行する（日々捕捉される売上代金から預け替えられた納税準備預金から出金）サービスでした。それら2組合では、第13講の3.で紹介した「協同組合主義」が現実のものとなっていたのです。

②職域型しんくみの事例──職場「コミュニティ」と一体化した「相互扶助」金融

次に、職域型しんくみ(7)における「相互扶助」の事例を見てみましょう。まず、名古屋市役所の丸八信用組合の「世話係」の働きです。

丸八信組は、名古屋市の市章「丸に八の字」（尾張徳川家の印章に由来）の名にちなみ1926年に創立されました。市役所の各部署に100名近くいる「世話係」が、組合の出入金の取次事務を「代行」し、それにより同信組はわずか数名の専従職員で6・6億円の預金高（1960年3月）を有していました（図表21を参照すれば東京都「地域型」の平均に匹敵）。

そもそも民間でも役所でも、昭和期の日本では多くの職場が「コミュニティ」的な風土をもっていました。それをしんくみの「協同体的特質」にうまく結びつけることができれば、非常に経費効率の良い金融組織ができる、その実例と言えましょう。

三菱長崎造船所信用組合も、そのような「職場コミュニティ」を確たる基盤とし、また従業員組合とも緊密な関係を有する金融組織でした。三菱重工長崎造船所の労働組合が「経済困窮者が一人もいない」職場を実現しようと研究を重ね、「相互扶助の信用組合」こそ好適として

設立されたのがこの組合でした。(8)

同信組の年史には昭和30年代の組合通常総会や役員選挙の入場・受付の写真などもあり、「貸出日の昼休み時には申込者が多過ぎて入口扉の硝子《がらす》が割れた」など、「高度成長期の華《はな》」とも呼ばれた造船産業を現場で担った何千人もの工員や職員たち、そして彼(女)らの金銭面での悩みを解くことでその現場を支えた職域型しんくみの熱気と働きぶりが伝わってきます。

本講の前半で見たように、1950年代が進むにつれて地域型しんくみの「協同体的特質の希薄化」が問題視されるようになりました。しかし、それらしんくみの経営者たちが、この3.で見たような「協同体的」な業域型・職域型しんくみと同じ業界に属し、その経営者たちと接する機会を持てたことは、彼らが「協同組合の原点」を繰り返し意識する機縁になったものと思われます。

しかし次の1960年代、特にその後半には、いよいよしんくみ業界にも「金融効率化」の大風が近づき、特に地域型しんくみはその強風にさらされることになります。

(1) 本講の以下は、次の拙稿をベースにしています(省いた参照文献等についても同稿をご参照):由里[2021c]、「信用組合業態の根拠法と理念の在処《ありか》との懸隔」

（2）『信用組合史』［1976］、369頁
（3）「信用組合の経営はどうすれば伸びるか」（座談会）、『中小企業協同組合』1958年8月、18－19頁
（4）大東京信用組合史上梓委員会（編）［1963］、『大東京信用組合史』、5頁
（5）注（1）所載拙稿、80頁
（6）注（5）に同じ
（7）注（5）に同じ
（8）［長崎三菱信用組合］30年史編纂委員会（編）［1983］、『30年のあゆみ』

第15講

地域型しんくみをめぐる信金業態との「棲《す》み分け」問題

――そして信金とかぶらない業域型・職域型しんくみの存在――

第16講

金融効率化行政のもと生き残り策を迫られる地域型しんくみ
――吸収合併の「草刈場」を脱するための員外預金解禁と同種合併――

1.「信用組合として相扶《たす》け相携《たずさ》えて発展する」業界トップ渾《こん》身の訴え

第5講の終わり近くに書いたように、1960年代後半以降の**「金融効率化」**行政――特に1968年**「合併・転換法」**が金融異業態間の「食うか食われるか」の生存競争を認めたこと――のもとで、最も（相銀・信金などによる）吸収合併の「草刈場」になったのがしんくみ業界でした。

業界内の一部に明らかな経営意欲の減退（「どのみち生き残れまい」）が広がっている様《さま》を見るに見かねて、1969年12月には雨宮要平全信中協会長・白石森松全信組連理事長が連名で、「金融再編に際して業界の団結を望む」と題した異例の要請文を全国の組合理事長宛に送り届けました。(1)

信用金庫の部の第11講で、「信用金庫制度が抹《まっ》殺される」と信金業界人が震え上がった大蔵省の「信金銀行化論」のことを書きました。その直後のこの「合併・転換法」は、相銀・信金からの競争圧力にめげそうな多数のしんくみにとって、「一挙に抹《まっ》殺」ではなくとも「じわじわ崖っぷちに追い詰められる」ような恐怖感を感じさせるものでした。

以下に引用するしんくみ業界トップ連名の前述の要請文は、当時のしんくみ人たちのそのような実感をも伝える「史料」的価値も持つものです。

> 経済界においては凡《あら》ゆる統制的な規制が解除され、自由競争の中において生産性の発揮が行なわれている今日、ひとり金融界においてのみ行政的保護の中で経営されるべきではないという自覚は当然であり、競争場裡《り》における合理化の推進、効率化の追求を否定すべきでなく、信組業界においても時代の大きい流れに棹《さお》さしていくことは止むを得ないものと判断されます。
>
> しかし、今日までのいわゆる「過保護」の急速な解除、大企業と中小零細企業の経営力の格差、銀行と信用組合の金融機能その他の経営条件の優劣格差、国民の底辺層の時代意識不徹底など非常に多くの課題を残している現状において、一挙に金融機関を競争場裡《り》に放り出したことにより、国民経済の効率化目的が、大銀行…大企業（のため）の効率化にすり替えられるのではないかという不安と不満が露呈されつつあると云《い》う見方も

あるようです。このようなことが現実であるとすれば、わが国企業の九九・三%を占める中小零細企業者、および勤労者大衆の金融は年月を逐《お》って疎外されることとなるのではないでしょうか。（1文略）

効率化・弱肉強食・コンピュータリゼーション・キャッシュレス・再編成といった新しい時代の大きい流れは堰《せき》を切って止まるところを知らず、しかも現実の姿としてこれを捉えていかなければならないことは不可避であるとしても、信組業界が自らの目標を失い、努力を怠って、再編成の脅威に眩《げん》惑され、競争の激しさにおびえるならば、信用組合本来の使命感を放棄することになりますので厳に反省されるべきではないかと思います。（中略）

私どもが、信用組合として相扶《たす》け相携《たずさ》えて発展していくとき、中小零細業者等の繁栄が約束され、地域の振興も可能であるという自信をもって今後の発展に邁進いたしたい…切なる願望と所感を申し述べて業界各位のご清鑑に供する次第であります。（傍線は追加、明らかな漢字誤植は修正）

2. しんくみに降りかかってきた銀行・相銀・信金からの競争圧力

当時、しんくみ業界（特に地域型・業域型）が晒《さら》されていた銀行・相銀・信金からの競争圧力の具体的な様相につき、次のような日銀考査局担当官の雑誌寄稿があります。(2)

［信組業界が苦しくなった］基本的な背景としては、このころ［注：1970年頃］になると信用組合の当初からの構成員であった有力企業の一部が、経営規模の拡大により信用組合からの資金調達では資金需要が賄《まかな》いきれず、上位金融機関との取引を指向しはじめるものが出てきたことである。（改段落）そこへたまたま前回の長期間にわたった金融緩和［注：1970年9月~73年3月］のなかで、上位金融機関が取引先の底辺拡大を図るため信用組合の取引層にまで進出し、優良先を積極的に吸い上げたことによる。（傍線は追加）

以上で傍線を引いた部分は、いずれも「上位業態」（都銀~信金）からの競争圧力を物語る部分です。それは多くの場合、しんくみの「優良取引先」の争奪戦のかたちを取りましたが、主要都市部（特に愛知、次いで東京・大阪・福岡）では「信組ごと奪い取る」（金融機関合併）という事例もしばしば起こったのでした。

第14講の3．で、創業間もないしんくみが自身の資金繰りも苦しいなか育てた小零細事業主たちが、事業内容を上向かせていき「取引振り」（預金歩留《ぶどま》り）の向上でしんくみに「恩返し」をした旨《むね》を書きました。前述の「争奪戦」は、1970年頃には、そのように事業を伸ばしてきたしんくみの取引先が「上位業態」の目から見ても魅力的な取引先の候補になっていた、ということも物語っています。

ビジネス上の顧客争奪戦一般に言えることですが、たとえば相銀に顧客を取られそうになっても、その相銀の提示する金利条件などに近い条件を「対抗提案」できれば、その顧客も長年のしんくみの「恩義」に踵《きびす》を返してまで離れ去ることは少ないでしょう。

しかし、そのような「対抗提案」(つまり金利引下げを飲む)を連続的に打ち出して「顧客防衛」を十分な勝率で果たすには、金融機関としての「基礎体力」が必要です。図表22が示すように、1970年代前半当時のしんくみ一般として、そのような「基礎体力」は相銀・信金に劣後していました(同表の出所の金沢[1975]は「高コスト、高利回り、低利ザヤの体質」と指摘)。特に貸出金利回りでは対相銀比で1%近くも高く、「対抗提案」を打つにも限度があったでしょう。

第5講の3.で見たように、1960年代以降の金融行政が金融機関に求めたのは「低利の資金の供給」でした。図表22が示す1972年当時のしんくみの諸指標を前に、大蔵・日銀の当局者の「信組業界評」は、「(金融行政の眼から見て好ましくない)高めの

図表22　信組・信金・相銀の金融機関諸指標

(1972年度)　　　　単位：%

	信用組合	信用金庫	相互銀行
資金運用利回り(A)	8.14	7.85	7.76
貸出金利回り	8.81	8.21	7.86
預金コスト(B)	7.31	6.79	6.46
預金利率	4.39	4.28	4.05
経費率	2.92	2.51	2.41
人件費率	1.97	1.70	1.54
物件費率	0.89	0.77	0.82
運用資金利ザヤ(A－B)	0.83	1.06	1.28

出所：金沢[1975](注2参照)、42頁の表を一部改変(罫線追加、一部指標省略)

貸出金利を取っておきながら信組自体の利鞘《ざや》（貸出金利－預金金利－経費率）が低いのは、信組の預金利回りの割高さを差し引いても、自らの経営効率が悪いからではないか」という辛口のものでした。

3.「員外預金制限緩和」要求の実現

ここまで見てきたことを一言でまとめれば、「金融効率化」行政のもと、しんくみ業界は「経営の効率化か、さもなくば他業態の金融機関への吸収合併か」というキツい要請を当局から突きつけられていた、ということになりましょう。

それに対し、しんくみ業界は当局に「員外預金制限緩和」の要求を一層強く申し立てました。(3)

そもそも**員外預金の制限**は1949年の協同組合法制定当時には存在せず、1951年の信用金庫法制定時に「信用組合と信用金庫の差異を員外預金受入ができる、できないことなどに求めた結果」設けられた規制だったのです。

戦前の産業組合でも、また戦後の農業協同組合の信用事業でも、「員外利用」は全体の2割程度の比率の上限内で認められていました。それがしんくみだけ原則禁止であることに対しては、業界は長らく規制緩和要求を繰り返していました。しかし1967年の金制調答申でも、いわば「信金業態との〝棲《す》み分け〟」（第15講1．参照）の関係上、「員外預金」の制度改正は叶《かな》わなかったのでした（大蔵省は「信金の銀行化」が実現すれば信組業態の「員外預金」規制緩和を容認する構えだったようです(4)）。

しんくみ業界では、いよいよ「いくら何でも、もう待てない！」と、金制調直後の1968年全国信用組合青森大会では、「（新たに員外貸付さえ認められた信金との）〝差別待遇〟の廃止を叫んで」員外預金の制度改正要求を決議しました。

同じ時期、それまで信組業態の監督を都道府県にほぼ全面的に任せていた大蔵省が、徐々に「信組行政のまとめ役」として身を乗り出しつつありました。そして、1968年8月の「信用組合基本通達」の発出時の文面で「［法の容認外の］員外取引の増大」を指摘し、通達本体の「第8（1）員外預金」の項にも「現実には法令違反の員外預金の受入れがかなり存するものと認められる」と記しました。

大蔵省のこの動きは、一見すると強面《こわもて》の感じがありますが、同省の意図は「員外預金の存在がやむを得ないことは分かるが、徐々にでも依存率の縮小に努めなさい」というものでした。具体的な罰則措置は発動されず、「大がかりなコンプライアンス違反」が表面化すればただでは済まない今日では考えられない、ある意味「昭和の人情話」のような大蔵省の「温和な収めかた」でした。これも裏返せば、同省自身、「信組業態だけに預金取入範囲を制限する措置」が「（金融業態横並びの）金融効率化行政」の時代において、すでに賞味期限切れになっていることを十分分かっていたことの表れだったのでしょう。

しんくみ業界のほうも、（それまでの各都道府県の信組監督部署とのパイプに加え）自ら大蔵当局とのパイプを太くするように努力し、さらに政界にも働きかけました。1970年頃から盛り上がっていったしんくみ業界の「員外預金制限緩和」運動は、それまで約20年も手こずったのに、わずか3年余りで協同組合法の改正（1973年**「限度20％で員外預金受入れ可」**に）まで漕ぎ着けたのでした。

4．県の担当部局のリーダーシップによる「同種合併」の活発化

本講の1．で「信用組合として相扶《たす》け相携《たずさ》えて発展していく…」という檄《げき》文（一同の奮起を促す強い言葉）で締めくくられた、1969年末のしんくみ業界リーダーたちの要請文を紹介しました。

3．で見た「員外預金制限緩和」運動は、その「奮起」が具体的な成果をもたらした代表例ですが、もう一つ、しんくみ業界の金融機関的な発展の契機となった1970年代（以降）の出来事に、同一県内の地域型しんくみ同士の**「同種合併」ブーム**がありました。(5)

「同種合併」は、先の檄《げき》文にあった「（しんくみ同士が）相扶《たす》け相携《たずさ》えて発展」を、まさに地《じ》でゆくものですが、一般的に金融機関の合併は難産が避けられません。その仲介役の労、時にはリーダーシップを取ったのは、多くの場合、監督当局の県の担当部局でした。

特に広島県と福岡県では「同種合併」が大きく進展し、広島県では昭和40年代後半に、福

岡県では昭和40年代後半から50年代いっぱいにかけ、「大同合併」とも呼びうる規模の、各県とも十数組合が関与した「同種合併」が実現しました。

広島県の担当部局であった商工部の担当官が目指したものは、大蔵省の「金融効率化」の片棒を担《かつ》ぐことよりも、「経済・行政の広域化等の進展に取り残されていた［県下の］信用組合」が「将来の展望」を持てるようにすることでした。

また福岡県では、約四半世紀も前に商工会組織を母体に市町村単位で作られた、今となっては「弱小信組が乱立」する状態を何とかしたい、との思いでした。「このままでは異種金融機関に吸収合併されてしまう」との危機感から、県当局やしんくみ業界リーダーたちが県下17の地域型信組を、その人的関係・歴史的過程などを勘案し、最も合併の実現性の高い6ブロックに分ける、という綿密な準備作業まで行われました。そして1977年の年の瀬に県当局・県信組協会が合同で「福岡県信用組合合併推進協議会」を結成し、1980年までに「大同合併」を実現させたのでした。

広島・福岡両県のほかにも、青森、新潟、富山、三重、佐賀、熊本、宮崎、鹿児島の各県で昭和期（～1988年）の間に県内しんくみのまとまった合併が行われました。これらの県では、県内信用組合の基本構図は、1970年代から昭和末にかけて描き直されたと言えましょう。

その次の平成バブル崩壊後の合併ブームがバブル崩壊後の「窮余《きゅうよ》の策」的なケースが多か

ったのに比べ、この段で見た昭和後期の合併は、健全な組織同士が「"相扶《たす》け相携《たずさ》えて"しんくみとしての存続を確かなものにしたい」との前向きな思いで行われた場合がほとんどでした。合併後の組織が平成金融危機を乗り越えた存続率も、しんくみ業界中で高いものでした。

その意味で、1970年代から昭和末にかけては、しんくみ業界の **「第二の創業ブーム期」** と呼べるかも知れません。

コラム⑥ 平成金融危機で廃止された「都道府県によるしんくみ監督」

監督・検査の所管当局の都道府県から国（金融庁）への変更は、信用組合制度のなかで昭和期と平成・令和期との大きな違いの代表例と言えるでしょう。以下は『信用組合史續々』［2004］433頁からの引用です。

［単一］都道府県の区域内を地区とする信用組合の検査・監督事務は、これまで都道府県が国の機関委任事務として行ってきた。（改段落）しかし、これが地方分権推進計画…に基づく国の直接執行事務として移管されることとなり、このための『地方分権の推進を図るた

めの関係法律の整備等に関する法律』(地方分権一括推進法)が［平成］11年7月8日に成立した。(改段落)これにより、［平成］12年4月1日をもって、すでに国が所管していた12組合と併せ、全国291組合…のすべてが、国による検査・監督を受けることとなった。

この制度改変により、今では「ごく当然」と思われている金融庁(国)による全部のしんくみの監督が始まったのです。しかしながら、引用文中にあるように、よりにもよってなぜ「地方分権一括推進法」によって、「都道府県→国」という逆方向の移管が、しんくみの監督に関しては行われたのでしょうか。

この疑問への、いわゆる「識者」たちの答えは、都道府県による所管信組の監督・検査体制が(同郷人のよしみもあって)温情的で、また人員数・技量的にも不十分であり、それが平成金融危機における信組破綻の多発にもつながったがため、ということになりましょう。

しかしながら本講の4.で述べたように、少なからぬ県の担当部局が組織的かつ熱心に、県内の「しんくみの網の目」を保とうと奮闘し成果を残したという「史実」もまた、記憶に留《とど》めておきたいと思うのです。

(1)『信用組合』1969年12月、9–10頁

(2)金沢孝［1975］、「信用組合の発展過程と機能発揮の方向」、『金融財政事情』、1975年2月24日

(3)この3.は、おもに『信用組合史』［1976］、「員外預金制限緩和と信用組合機能の拡充」(1010–1028頁)、および筆者の連載「昭和期しんくみのルーツとあゆみ㉙：員外預金規制緩和の実現」(『しんくみ』2023年12月)、に拠《よ》っています

(4)由里［2022a］、「1967年大蔵省『信金銀行化論』の背景」、74–75頁

(5)この4.および「コラム⑥」は、おもに『信用組合史』［1976］、1004–1007頁、および「昭和期しんくみのルーツとあゆみ㉘：『監督官庁』都道府県のしんくみ業界への貢献」(『しんくみ』2023年10月)、に拠《よ》っています

第17講

「コミュニティバンク」を目指す地域型しんくみ

――地域型しんくみの生き残り努力と業域・職域組合の安定性――

1．員外預金の規制緩和に始まり業態間の競争激化が加速させた「金融機関主義」

第16講の3．で述べた**員外預金の規制緩和**（1973年）は、その要求運動が同講2．で述べた銀行・相銀・信金からの競争圧力の激化を背景としていたこともあって、しんくみ業界とりわけ「地域型」諸しんくみが金融機関としての「営業努力」を加速させる要因になりました(1)。

1973年から始まった**「信組《しんくみ》発展運動」**においても、3か年の主要目標には量的拡大と金融機関体制整備のための諸目標が並びました。そもそも同運動は「しんくみの原点や今後の支えとなる理念を考えよう」という**「原点主義」**的な考え方も含んでいましたが、「理想実現の前提としても金融機関としての経営力・体質強化がまず必要」という**「金融機関主**

義」が前面に打ち出されることになりました。

「信組発展運動」は3か年を運動期間として、その後も繰り返し行われますが、次の3か年までには1973年秋の第1次石油ショック、それに続いて「戦後最大の不況」が日本を覆ってしまいました。大・中堅企業融資が伸びなくなった都地銀そして相銀は、しんくみ・信金の貸出先の中の「優良先」へと一層食い入ってきました。しんくみが「メインバンク」の役割を果たしてきた小零細層は業況不振が長引く傾向が強く、そのように切迫した経営環境下、しんくみ業界としても「原点」を振り返る余裕はなくなっていきました。

当時の「金融機関主義」への傾斜の傾向をよく示すものとして、1976年刊の『信用組合史』382頁を引用します。

すでに信用組合も、実態は中小業者自身の自律的、人的結合組織ではなく、主としてこれら無組織の中小業者に融資する、中小業者とは独立の経営体として歩み始めている…。(中略)「員外預金の規制緩和等、信金的発展の方向を目指すならば」信組はすでに業者の組織ではなく、業者と対峙する金融機関であるということを前提にした新しい信組理念に立たなければならない…。(傍点は追加)

2．「原点主義」と「生き残り戦略」の模索が生み出した「コミュニティバンク」路線

もちろん、そのまま「原点さがし」を忘れ去ってしまうようなしんくみ業界ではありませんでした。[2] 1970年代の後半、業界で「しんくみらしさ」のキーワードとして多く聞かれるようになったのは（「協同組合」の語よりもむしろ）「人のつながり」・「人縁性」――個々のしんくみの中で、またしんくみ同士の――といった語でした。

第1部の第7講では述べきれませんでしたが、第1次石油ショック後の「安定成長期」（当時の感覚では「低成長期」）は、「経済成長（至上）主義」の見直し気運が盛り上がり、「公害・買占めなどの社会的ひずみを生む（大企業中心の）経済成長主義よりも国民福祉を」という世論の盛り上がりもありました。

そのような社会的気運のなか、しんくみ業界内でも、「信用組合という金融組織は本来、大企業のみならず『営利志向』全般と距離を置くことができ、『国民福祉』（勤労者一般・中小事業者一般の生活・経済上の便益）に役立つことができる特性を備えているはずではないか」という声が発せられるようになりました。

もう一つ、当時の社会・行政で影響力をもった言葉に**「コミュニティ」**がありました。高度成長期においては大都市部への急激な人口集中が続き、非大都市部では人口流出により、大都市部においても無秩序な住宅（再）開発や頻繁な転居から、伝統的な地域社会の紐帯《ちゅうたい》（人と人とのつながり）が損なわれました。国民の多くが自らの住む地域における「つなが

り」の希薄化を実感していたなか、1970年前後に政府も「コミュニティ政策」を提唱し、その後1970年代を通じ、米語由来の「コミュニティ」という用語・ビジョンが、社会で日常語になるまでの流行《はやり》を見せたのでした[3]。

その「コミュニティ」の語をモットーやビジョンに掲げた地域金融機関も増えていきました。「コミュニティ・バンク」の「本家」争いをしたのが信金業界・地銀業界で、しんくみ業界はやや出遅れました。しかし1970年代後半には「ローカル（県域内の特定地域）なコミュニティの大事な金融・社会組織になることが地域密着度の高い地域型しんくみの持ち味であり社会的役割でもある」という「理念」が業界内で共有され始めました。

「はじめに」でも書いたように、筆者は長らく米国のコミュニティ銀行の研究にたずさわってきましたが、本来「コミュニティ」とはせいぜい小都市クラスの小ぶりなもので、だからこそ住民同士の社会的つながりが実感でき、共通の土地勘・地域愛のようなものも共有し合えるのです。その小ぶりな「ローカル・コミュニティ」の「コミュニティ・バンク」としては、やはり小ぶりな地域型しんく

図表23　「信用組合＝コミュニティバンク」の業界ロゴマーク

（2001～2017年）

であい、ふれあい。

信用組合

・コミュニティバンク・

出所：「昭和期しんくみのルーツとあゆみ㉜」（『しんくみ』2024年6月）（原出所：全信中協）

みが、より規模が大きめの信金よりも適役と言えるでしょう。
２０００年代のはじめから20年近く、図表23のように全信中協は**「コミュニティバンク」**をしんくみの正式の愛称として用いました。現在でも、少なからぬ数のしんくみが「コミュニティバンク」をモットーとして掲げています。

３．業界内外の「規模格差」問題とコンピュータ化の遅れの懸命の挽回

第16講の2．および本講の1．で述べた「銀行・相銀・信金からの競争圧力の激化」はおもに中小企業融資の側面に関するものでしたが、１９７０年代には個人向け預金・与信業務においても「銀行の大衆化」が起こり、特にその重要なツールであった銀行業務のコンピュータ化（第6講3．）は、地域型しんくみを中心に「脅威」になりました(4)。

１９８０年頃までには、オンライン網やＣＤ・ＡＴＭは金融機関に不可欠な装備になっていきました。そして都・地銀次いで相銀・信金がコンピュータ化を１９７０年代半ば頃までに本格化させたのに比べ、１９７５年はじめの時点でコンピュータを自前で導入しているしんくみは39組合、共同センター方式（20組合）を含めても59組合（４９１組合中）と、しんくみ業界全体で約12％の導入率に過ぎませんでした。

しんくみの歴史を第3部でたどるなかで、**「規模が小さいことはしんくみの持ち味」**ということをそれとなく述べてきました。しんくみ自身も中小企業者のような苦労をしてきたか

らこそ、融資を求めて押し寄せる中小零細企業を迎え入れられたこと（第14講）、また協同組合という組織風土が業域型・職域型しんくみには良く合っていたこと（第15講3.）などです。しかし、こと「スケールメリット」が働くコンピュータ化に限れば、規模が大きいほうが明らかに有利でしたし、現に図表24にあるような地域金融機関間の「規模格差」の中で、規模的に大きな業界から順に、1965年頃以降のコンピュータ化は進展していたのでした。

第6講のコラム③「『給料袋』から給与振込み&キャッシュカード引出しへ」で述べたように、1970年代後半には個人客相手の金融機関業務においてコンピュータ化とオンライン・ネットワークが必須になりました。しんくみ業界でも「何はなくともオン」が掛け声になるほど、コンピュータ化・オンライン化がほぼ最優先の推進項目になっていきました。全信中協は1977年「全国信組コンピュータ化長期計画」策定、1979年「全

図表24　地域金融機関間の規模格差

（1980年3月末）

資金量規模（億円）	地方銀行	相互銀行	信用金庫	信用組合	（参考）信用組合 1988年3月末	（地域型）
15,000 以上	10					
10,000 ～ 15,000	13	3				
5,000 ～ 10,000	26	16	6		1	(0)
2,000 ～ 5,000	11	32	23	1	11	(7)
1,000 ～ 2,000	3	15	57	7	22	(18)
500 ～ 1,000		3	104	22	40	(32)
300 ～ 500		2	105	32	74	(66)
200 ～ 300			85	61	54	(44)
100 ～ 200			60	90	100	(67)
50 ～ 100			19	120	77	(46)
50 未満			3	150	60	(13)
金融機関数 計	63	71	462	483	439	(293)

出所：「昭和期しんくみのルーツとあゆみ㉞」（『しんくみ』2024年10月）、図表1
（図表本体部分の原出所：『金融財政事情』1981年1月12日、井坂武彦論考）

国信用組合共同オンライン推進委員会」設置、全信組連は１９８２年全信組システム（為替オンライン化）稼働、次いで１９８４年には全銀システム加盟と、業界中央組織は昭和期の終盤、「オン」にかなりの力を取られました。

１９９０年頃ようやく、全しんくみ中の「未オンライン」の比率が１割少しまで減りました（それらの多くは「地域型」以外）。先の図表24の右欄外の付記データが示すように、１９８０年代においても「地域型」の合併（第16講4．参照）・規模拡大が進んだことも寄与し、コンピュータ化が最も緊要であった地域型しんくみの大多数は、ようやく「オンライン化の正念場」を乗り越えたのでした。

4．「相互扶助」精神がなおも息づいていた業域型・職域型しんくみの組織存続力

第15講の3．で見たように、業域型・職域型の諸しんくみには、「協同組合」の特性と（本講2．で用いた語を使えば）「人的コミュニティ」（職場仲間・同業者同士）の紐帯《ちゅうたい》（人と人とのつながり）とが良い相乗効果をもち、ユニークな活気、そして金融組織としても強みがありました。

本講3．の最後に述べた「未オンライン」組合には業域型（医師会・たばこ事業者など）と職域型が多かったのですが、それらのしんくみには為替機能やＣＤ・ＡＴＭ以外のユニークな「便利さ」がありました。医師会系しんくみ・たばこ系しんくみは、独特の取り扱いノ

ウハウを必要とする診療報酬や専売事業資金の国庫とのやり取りに長《た》けていました。また職域型しんくみは、特定の役所・部署（警察・消防）や企業・工場の賃金・報酬、さらに傷病・退職時等の諸手当・処遇の体系を知り尽くし、勤め人たちのニーズにピンポイントで応じることができました。

そもそもそれらの組合の場合、理事クラスのほとんどは当該業域の事業者たち、当該職域の役職員たちでしたから、「勤労者その他の者が相互扶助の精神に基づき協同して事業を行う」という協同組合法（しんくみ業態の根拠法）が述べる本来の「協同組合」の姿・精神に沿った運営がなされたのでした。

次のコラム⑦で言及するように、しんくみ業界全体では平成金融危機による破綻が多かったので、ややもすれば「信用組合は金融不安に弱い」といったイメージもあるようですが、本来、組合員預金がほとんどで組合員と組合トップ層との距離感も近い「協同組合らしい」――別の言い方をすれば「金融機関らしくない」――しんくみは、金融不安にも強いものなのです。

現に、日本史の教科書にも出てくる1927年の「昭和金融恐慌」では、信用組合の破綻はほとんどありませんでした。[5] 平成金融危機およびリーマンショック（2008～09年）の前・後で見ても、1988年3月と2018年12月の比較で、業域型しんくみの数は32↓27組合、職域型しんくみの数は36↓16組合（破綻でなく解散等による減少）で、しんくみ全体

の438→146組合という減少度合いと比べ、業域・職域型しんくみの存続力が高いことを示しています。(6)

コラム⑦ バブル期の地域型しんくみの「派手に踊ったイメージ」について

第16講のコラム⑥で、しんくみの監督・検査の所管当局が平成期に都道府県から国（金融庁）に変更された大きな理由として、**平成金融危機**（1990年代半ば～2000年代初頭）における信組業態の破綻多発があったと述べました。「はじめに」でも述べたように本書でたどる歴史はおおむね「昭和」の時期（1989年はじめまで）に絞っており、筆者自身の研究も平成金融危機そのものには及んでいませんが、同危機の際に世に広まった「しんくみ業界はバブルに踊った度合いが強く平成金融危機の震源の一つだった」というアバウトなとらえ方につき、少し申しておきたいと思います。(7)

確かに、約10年に及んだ平成金融危機の初期に破綻（危機）で世間を騒がせた金融機関には、コスモ・東京協和・安全（東京都）や大阪府民・木津（大阪府）など、元々業容拡大主義であったり経営者が個性的過ぎたりで、バブル期に土地関連融資などで踊った「地域型」のしんくみが目立ちました。しかしながら、（後の講を参照させてすみませんが）第22講の図表33（中小企業向け融資残高のシェアの推移②）に見られるように、しんくみ業態（地域型は預金額ベースで大体4分の3を占める）は、1980年代においてむしろおとなしかった部類の業態でした。東京都・大阪府においてさえも、都・府内の地域型しんくみ全体では業容拡大主義が他業態と比べ目立ってはいませんでした（1979年3月と1988年3月の預金・貸出金計数を比較［以下同じ］）。

大都市部以外に目を転じ、道・県内の地域型しんくみの集計データを見ると、1980年代の預金・貸付金規模はむしろ伸び悩み気味で、北海道・東北地方や中国・四国・九州地方では減少傾向の道・県も目立ちます。県域中の一部特定地域を地盤とし、その盛衰と命運を共にせざるをえない中小の地域型しんくみにも平成金融危機中の破綻は少なからず起こりましたが、それらのしんくみはバブルに踊るどころか、地域経済の長期的衰退につき合い続けた末の破綻が多かったと考えられます（それら諸県では特定地域型の小規模信金の破綻も少なからずあったことも示唆的です）[8]。

はじめの段で申したように、筆者自身にとっても、平成金融危機におけるしんくみ・信金の破綻原因は今後の研究課題ですが、少なくとも、ごく一部の「派手に踊った」しんくみ――メディア報道やドキュメント本の内容はそれらに集中しがちです――に「印象操作」されてしまうことは、避けたいものです。

―「第3部」に「結び」がないことについて―

第2部（信用金庫史）・第4部（相互銀行史）と違い、この第3部（信用組合史）には「結び」がありません。しんくみ業態の多様性と各タイプのしんくみの昭和末頃の立ち位置が多様過ぎて、筆者自身「無理にまとめる言葉を書かない方が誠実では」と思ったからです。この第3部ではしばしば参考文献として『しんくみ』誌に筆者が連載中の「昭和期しんくみのルーツとあゆみ」を挙げてきました。その連載を終える2025年度には、しんくみの戦後史の「結び」をなんとか書き上げ、同連載をまとめた本を出せればと思っています（その節には同書もよろしく……）。

（1）この1.は、おもに「昭和期しんくみのルーツとあゆみ㉚・㉛：信組発展運動と金融機関主義・原点主義の葛藤（前編・後編）」（『しんくみ』2024年2月・4月）、に拠《よ》っています
（2）この2.は、おもに「昭和期しんくみのルーツとあゆみ㉜：『しんくみらしさ』の模索」（『しんくみ』2024年6月）、に拠《よ》っています
（3）由里［2023a］、「1970年代京都信金『コミュニティ・バンク論』再考」の2節を参照
（4）この3.は、おもに「昭和期しんくみのルーツとあゆみ㉝・㉞：銀行のコンピュータ化・『大衆化』攻勢としんくみ業界（前編・後編）」（『しんくみ』2024年8月・10月）に拠《よ》っています
（5）小林春男［1958］、「今後の信用組合運営」、『中小企業と組合』、1958年8月

（6）由里［2024］、『庶民金融機関の戦後史』補論ノート」、図表5および3節(4)
（7）このコラム⑦の、より詳しい計数分析と議論は、注（6）所載の拙稿3節(1)～(3)を参照
（8）預金保険機構（編）［2007］、『平成金融危機への対応』、25頁（178金融機関の破綻原因の約26％を「地域経済低迷等」の原因に帰しています。「その他［不動産関連以外］業種への与信集中」の原因に帰しているケースも約28％あり、それらの中には衰退する地場産業がある特定地域を地盤としていたしんくみ・信金も含まれていたと推察されます）

第4部　相互銀行の前史と戦後史

――そのルーツ、あゆみ、〝事件〟――

第18講

庶民金融の本流、「困ったときはお互い様」の無尽講

――村の「共同体無尽」に根を持っていた戦前の無尽会社――

1．中世から戦前まで続いた無尽講――「困ったときはお互い様」の心に金融的・社会的ルールをセットした上手《うま》い仕組み

この第4部で相互銀行の戦後史をたどるうえで、キーワード中のキーワードが**「相互掛金」**という相銀業態だけに認められた（大蔵省用語では「固有業務」）金融商品です。その相互掛金のルーツは、戦前の無尽会社が提供していた**「営業無尽」**という金融商品でした。(1)

この「営業無尽」は基本的に**「無尽講」**という、「グループ金融」とも「扶《たす》け合い金融」とも呼べるような仕組みなのですが、この説明には少々スペースを要し、本講の1．と2．でそれを行いたいと思います。「これのどこが金融商品や金融機関の話なんだ??」などとおっしゃらず、日本で中世から戦前まで続き**「庶民金融の本流」**とも呼べる存在だったユニーク

な無尽講の仕組み、そしてその運営を「業務」とした無尽会社の話に、しばしお付き合いください。

図表25が一例として示す、AからFまでの**「講員」**からなる集団すなわち**「団」**は「無尽講」の必須の要素、いやむしろ本質とも呼べるものでした。「顔の見える関係」にあり相互に信頼し合っている複数人（この表では6名）が「団」を形成します。そのように、そもそも相互の信頼関係にもとづくものなので、研究者によっては「無尽講」を**「共同体無尽」**と呼んでいます。

AからFの各講員は、月一度程度開かれる**「講会」**ごとに**「掛金」**を拠出し、毎回、集まった掛金総額を、籤《くじ》（または入札）の当籤《とうせん》者（または落札者）が総取りします（表は籤《くじ》方式となっていて、以下同方式を前提に述べます）。

この取り分が**「給付」**であり、初回に給付を受けたAは掛金との差し引きで2・5万円という使途自由金をいきなり手にすることができます。A以下の当籤者（**「既取者《きとり》」**）はその代わり、次の講会からは割り増しした（図表25の例

図表25　無尽講の仕組み

5,000 …網掛けしたのがその講会での当籤《とうせん》者

単位：円

	┌月1回など	講員各々の支払額（掛金5,000＋金利100）						講金の給付	
		A	B	C	D	E	F	当籤者	給付額
講会の回次	1	5,000	5,000	5,000	5,000	5,000	5,000	A	30,000
	2	5,100	5,000	5,000	5,000	5,000	5,000	B	30,100
	3	5,100	5,100	5,000	5,000	5,000	5,000	C	30,200
	4	5,100	5,100	5,100	5,000	5,000	5,000	D	30,300
	5	5,100	5,100	5,100	5,100	5,000	5,000	E	30,400
	6	5,100	5,100	5,100	5,100	5,100	5,000	F	30,500
支払累計		30,500	30,400	30,300	30,200	30,100	30,000	┌講員集団のこと	
給付−支払		−500	−300	−100	100	300	500	…「団」合計は損得なし	

初回給付者は資金調達メリット　大

終回給付者は資金運用メリット　大

出所：由里［2020c］（注（1）参照）、91頁（原資料：中村研二［2018］「沖縄のインフォーマル金融の機能」、『釧路公立大学地域研究』第27号、27頁）

では〝5000円→5100円〟）掛金を払い込むことにより、給付が後回しになる講員（**「未取者《みとり》」**）に代償を払うことになります。そしてFまでの全員が給付を受けた時点で終了します（**「満会」**と呼び、飲食を伴う親睦会が行われることも）。

このような無尽講においては、しっかりした社会的結びつきと、裏切り（その典型は「既取者《きとり》」の持ち逃げ）が起こらないような相互信頼関係を前提条件として、参加者全員が以下のような恩恵を受けることができました。

①負い目・「恥」感覚なしに「借金」ができる（全員「給付金」を遅かれ早かれ受け取るのだから）
②無担保または簡易な担保のみで給付を受けられる（対人信用）
③早めに給付を受ける者も高利を掠《かす》め取られない（先の表ではAでも支払金利は500円）
④高利貸しなど外部者に簒奪《さんだつ》されることなく仲間内でのみ資金フローが完結する明瞭さ

起源としては中世までさかのぼるこの無尽講の仕組みは、日本において江戸期から明治期にかけて村落共同体や都市部の町人階層などの間に定着し、「無尽講は庶民にとって賢明で有利な金融方式」との感覚が行き渡りました。①〜④のような無尽講の利点の支えとなる共同体的気質や金銭的な律儀《りちぎ》さが庶民に備わっていたことが、その社会的な基盤であったと思われます。

2．顧客が講員となる講会の円滑な運営を「本業」とした無尽会社

明治期には、以上述べてきた「共同体無尽」が引き続き行われるとともに、「無尽講の世話役」を手数料を取って「事業」として行う**無尽会社**も起こりました。そのような会社およびその「事業」である**「営業無尽」**に対し、大蔵省は1915年公布・施行の**無尽業法**により法制度的基盤を与えました。

のちに首相になった浜口雄幸は、この無尽業法審議の頃は大蔵官僚でした。その浜口の「無尽講も営業無尽も『我国民の習俗の上に』『深い根底』を有しており、営業無尽は適切な当局規制のもと、また非営利の地域的な無尽講はこれまでどおり、機能し続けるべきである」（傍線は追加）との答弁からも、1．で見たような無尽講の仕組みが民衆間で定着していたことが分かります。

無尽業法制定を機に、無認可の営業無尽業者は営業を継続できなくなりました。1915年に2300余りあった業者のうち、免許申請をした業者は200余り、翌1916年末時点で免許を取得した業者の数は136でした。以後おおむね1919年まで無免許業者の

「整理時代」（廃業か、免許を得るための資本増強や地域ごとの合併）が続き、同年末の免許業者数は206になりました。このような、いわば「規制強化と業者整理の時期」を経ることにより、明治末・大正初期の「不祥事の多い業界」の、体質改善は進んだと思われます。

無尽業法により、無尽会社は基本的に会社組織とされ、自ら講員として参加するのではなく講会の管理人を務《つと》めて諸手数料を得、また金融資産からの収益をもって存立・発展すべし、ということになりました。また資本金額の要件や会社取締役たちの会社債務に関する連帯責任も法的に規定され、大蔵省の監督権限も厳格なものとなりました。

そのことと、営業無尽加入者の給付を受ける権利が、他の講参加者に対する権利ではなく無尽会社に対する債権と位置づけられたことにより、「団」参加者全員の「給付を受けられる確実性」は法的・金融論的には格段に増しました。しかしそれは、3.で述べるように、「団」参加者の間に「規律の緩み」（金融論的には「モラル・ハザード」）が目立つようになる原因の一つにもなったのです。

3．都市部で薄らいでいった「無尽講は賢明で有利な金融方式」という「常識」

そもそも、無尽業法以前には無尽会社が「乱立」するほど、容易に営業無尽参加者を募ることができたのも、民衆の間に無尽講のルールが「常識」レベルで身についていたからでした。しかし大正そして昭和と進むにつれ、都市部を中心に「共同体無尽」はあまり行われなくなっていきました。

そしてそのことは、無尽会社の参加者に対する説明や規律づけの手間を確実に増やしました。1936年の無尽会社の業界雑誌には、「業者から見れば判り切つて愚にもつかぬ事が一般人には少しも判つて居ない、判つているのは新聞に書かれた悪口ぐらいのもので、判らないから外務員が苦心するのである」といったコメントが表れます。(2)

図表26で示した、いわば「営業無尽の基礎知識の啓発パンフ」なども、都市部では共同体無尽にも営業無尽にもなじみがない人々が増えていたことの表れでしょう（このパンフもそれにつけ込んで、共同体無尽のあまり頻繁には起こらない欠点を誇張気味に述べています）。

4．「未収・欠口」問題の深まりと「団」廃止論の登場

以上のような、無尽講の仕組みになじみの薄い都市部の住民・商工事業者などに対し、無尽会社も外務員（営業域を回って加入者を勧誘し集金等を行う）を強化するなどし

図表26　1935年頃の大都市近郊の無尽会社の宣伝パンフ

（営業無尽・共同体無尽の利点・欠点比較表）

――便利で確実な日の丸無尽――

日の丸無尽は	一般の頼母子講は
1. 大蔵大臣の認可と兵庫県知事の監督の下に取締役全部の連帯責任だから講崩れがありません	1. 法律上の責任者がないから中途講崩れがありやすい
2. 入札は8掛以上となって居るから手取金が多い	2. 入札に最低制限がないから落札者の手取が少ないため高い利息になる
3. 取らずに置いても安心で一般預金の倍以上の利廻りとなる	3. さりとて取らずに置けば講崩れのため元利丸損の危険がある
4. 臨時に金の入用な時は何時でも低利で借りる事が出来ます	4. 臨時に金の入用が起こっても特別借用と言う方法がない
5. 落札しても相手が会社だから何の気兼も入りません	5. 救助的にして貰った人は一生頭が上らぬ

補記：「頼母子講《たのもし》」は「無尽講」と同義で、傾向的には関西地方で多い呼び方

出所：兵庫相互銀行50年史編纂委員会［1962］『兵庫相互銀行50年史』、329頁（一部の語句を現代式に改めた）

て営業努力をします。しかし無理に加入者を集めても、すぐさま欠席され「幽霊講員」が発生したり（**「欠口」**：無尽会社が講に代行参加することになり不健全）、給付を受けた後の講回に来なくなったり（**「未収」**：無尽会社にとり未回収金が発生）といった、「未収・欠口」問題が一層悪化する結果にもなりました。

このような状況下、「全員が給付を受けられる」営業無尽の原則を守り、なおかつ無尽会社の収益性も保持するためには、「給付を早めの回で受けたい参加者」――つまり資金調達目的で講会に参加している人々――にあらかじめ「給付の可否に関する調査」を行ったり（審査部等の設置）、講会で当籤《せん》しても審査（審査料徴求の場合も）を経ないと給付が受けられないようにする、といった営業無尽独特の実務も現れました。そして、そのような企業努力をしてもなお、1935年前後には無尽業態全体として利益金の水準に黄信号が点灯したのでした。

同じ時期、無尽業界内外の識者たちの間に**「団制度廃止論」**が現れました。実質的に「無尽講」の仕組み（特定の「団」に割り当てられた参加者が抽籤・入札行為を行って順次給付を受けていく）そのものを撤廃し、営業無尽「加入者」ごとの意向（与信を受けたいのか、それとも利殖目的か）と信用度の審査とによって、無尽会社が給付の順序づけをする「自由給付制度」を提唱するものでした。

そもそも「団あり無尽」の基礎は講参加者たちの掛込継続（貯蓄）意識（1.参照）、さらには次の5．で述べる講参加者間の（疑似）共同体的な「お互い迷惑を掛けまい」とする心情です。大都市部で「大衆消費社会」や「アメリカ的文化の浸透」が進んでいたと言われる1935年前後[3]において、伝統的な意識・心情に依《よ》り頼むことに限界が出てきたのかも知れません。大都市部の複数の無尽会社が**「団ない無尽」**を真剣に考えるようになっていったことは、戦後の「相互掛金」の「伏線」となりました。

5．地方の営業無尽の世話役が語る「無尽の妙味」と金融商品としてのユニークさ

明治・大正・昭和と進んでも、地方や農村では私人間で行われる無尽講の営みは、かなり残っていました。

そのように「無尽講の営み」が近くの村々で盛んであったと思われる山形殖産無尽（山形市本店）の経営陣の一人が1935年に述べた次の文章（その題名も「無尽の妙味[4]」）からは、営業無尽の各講会の世話役を手慣れたさばきでこなす無尽役職員たちの姿が思い浮かぶようです。

> …同一会社において同一種類の無尽を取り扱う場合においても、…会員の顔ぶれ如何により入札の有無にしたがい収支計算に相違を来《きた》し、組ごとに収支計算を異にするので予《あらかじ》めこの無尽に加入すれば必ずこのような計算の利回りがあると断定することはむつ

かしいのである。しかし大体においてはその標準計数が判つているから尠《すくな》くともそれ以上の利回りになるということは言い得るのである。しかしてその不明のところが無尽としての妙味のあるところで何人《なんびと》といえども1＋1［＝］2という明らかな計算よりも…もし僥倖《ぎょうこう》にして割合の善《よ》き組に加入すればという射幸心に駆られて加入するのが人情の常であり、却《かえっ》てここに面白味が存するのである。

［無尽の組ごとに収支計算が多様になることにつき］…そこに経営者の悩みがあり又興味が起つて来るところである。…平素の努力如何により…洵《まこと》に愉快な仕事であり…

（傍線は追加）

この文章からは、山形殖産無尽の加入者たちの間では、団への参加を（利回り等があらかじめ分かる）「金融商品」としてよりむしろ、団参加者同士の疑似共同体的関係と、講会の満会までの（予想しきれない）展開を「味わう」ような心理・姿勢があったのであろう、と思わせられます。

上記の引用文では省いた箇所、また他の資料も合わせて見れば、農村部そして大都市部の一部の営業無尽でも、当籤《せん》・落札・権利放棄・欠口など、「団あり無尽」の「山あり谷あり」の展開を指揮者的にうまくこなす世話人の様子、そして参加者間の雰囲気を良くするために初回顔合わせ時や満会時に飲食や茶菓が提供されたことなども分かります。

腕の良い無尽講の世話人（または彼らの養成・指導者）の存在は、確かに無尽会社の貴重な人的資産でした。彼らが講会の場をなごませ、当籤《せん》・落札の節目を手際よくこなし、また資金繰りや家計繰りが苦しい参加者たちには耳を傾け、**何とか「満会」まで「伴走支援」した**（それが未収・欠口の防止にもなった）、そのような活躍が目に浮かびます。

営業無尽という「金融商品」は、「講会」のたびごとにほぼ必ず加入者たちが本支店に参集し、加入者と世話人との間に人間的接触が起こり、加入者相互間でもあちこちで親密感が増す、という**「人間的接触を必然的に促す仕組み」**を持った非常にユニークなものでした。

第1講で昭和戦前期「庶民金融論」の代表的論者として紹介した井関孝雄は、信用組合を「輸入もの」で今一つ日本に定着しにくいと見る一方、無尽講を日本の社会組織や生活に「すっかり合っている」として、[5] **庶民金融の本流**に位置づけていました。筆者も無尽講のことを知れば知るほど、井関がそのように評価した理由が分かる気がします。

コラム⑧　今も続いている「無尽講」的な集まり

本講の5．で見たように、昭和に入っても地方や農村部では営業無尽以外の無尽講もあちこちで営まれていました。しかし1930年代初頭の農村恐慌や戦時国策下での産業組合の奨励（他方、無尽の不祥事に対しては警察が取締り強化）、そしてラジオや雑誌などの都市発のメディアが農村にも入り込み「伝統的心性」[6]を変化させたことなどにより、農村部でも私人間の無尽講の営みは戦中にかけ廃《すた》れていきました。

戦後1955年に大蔵省が（相互銀行法違反の摘発も念頭に）全国的な実態調査を行い、散発的に無認可無尽業者の営みが見出されました。それを機に隣人同士・職場仲間といった親しい間柄での無尽講を除き、無尽講を組織して収益を得ることは厳しく取り締まられるようになりました。[7]

この取り締まりが、米軍統治下であったために及ばず、また元々**「模合《もあい》」**と呼ばれる無尽講の営みが盛んであった沖縄では、「金融模合」ならびに親睦的な模合（たとえば中身は夕食会で「給付」は会費が無料になること等）が盛んに行われ続け、現在も親睦的な模合は多く行われています。[8]

ほかにも、愛媛県の今治などでも親しい間柄での無尽講の営みが伝えられます。[9]コロナ禍を経て社会的親睦の機会が減ったように見えるこの国で、「講会の後の酒宴は楽しい」と昭和の記録も近時の報告も伝える、その「講会」というものに心引かれるのは筆者だけではないでしょう。

（1）本講は、次の拙稿をベースにしています（本講で省いた参照文献等につき同稿をご参照ください）：由里［２０２０c］、「無尽会社の一つの基盤としての『無尽講の心性』」
（2）河合延郎［１９３６］、「無尽業の宣伝広告とプラン」、『無尽之研究』、第11巻4号
（3）井上寿一［２０１１］、『戦前昭和の社会』、講談社、4－6頁
（4）山田善太郎［１９３５］、「無尽の妙味」、『無尽之研究』、第10巻2号
（5）井関孝雄［１９３１］、『庶民金融の実際知識』、春陽堂、35－36頁
（6）注（1）所載の拙稿、特に「伝統的農村社会の〝心性〟が無尽講の営みと調和的だった」旨《むね》を論じた2節
（7）「中小企業金融の裏街道をゆく」、『金融財政事情』１９５９年7月13日、57－58頁
（8）小澤潔［１９９１］、「庶民金融と会計検査（特に沖縄の模合について）」、『会計検査研究』第3号、および東与一［２０１５］、「沖縄社会における模合に関する考察」、『経済環境研究』第5巻
（9）永井真也［２０１９］、「今治無尽の実態調査」、『室蘭工業大学紀要』第68号

第19講

相互銀行業態の発足と「相互掛金」の退潮
――「庶民のための独自商品」という業態の基本軸の揺らぎ――

1．大蔵省は新発足の相銀業態に庶民金融機関の筆頭格を期待

第18講で述べたように、昭和の戦前期に至るまで、私人間の、もしくは無尽会社が営む無尽講や営業無尽は、信用組合（市街地信用組合を含め）をしのぐ**「庶民金融の本流」**とも呼べる存在でした。その営業無尽の営みを**「固有業務」**、すなわちその業態だけが扱うことができる「独自商品」として引き継いだ戦後の相互銀行業態もまた、大蔵省から信金・信組両業態をもしのぐ庶民金融機関のエース格の活躍を期待され、発足したのでした(1)。

もっとも、1951年（信用金庫業態発足と同年）に発足した相銀業態が主力とした**「相互掛金」**は、正確に言えば**「看做《みな》し無尽」**と呼ばれた、**「団なし無尽」**（第18講4．参照）の一種でした。

相銀業態が消えて30年以上たった現在、第二地銀の役職員の皆さんの間でさえ「相互掛金」の何たるかを答えられる方はまれでしょう。まず、その特徴を述べておきましょう。次の1)〜3)の箇条書きは、相銀業態があった頃の日本銀行調査局の概説書、『わが国の金融制度』［1981］をベースに、[2]筆者がまとめたものです。

1) 契約者と相互銀行とは、初めに、一定の期間と一定の給付金額ならびに定期掛金額を約定する。

2) **給付**は、契約期間の中途または満了時に行われ、前者の中途給付は、給付順位の決定方法・給付時期を定める契約に従って行われる（一定以上の期間掛金を払い込んだ場合や、掛金者が中途給付を希望し相銀側が応諾した場合など）。

3) 契約期間の満了時に給付が行われる場合は定期積金と類似するが、大きな相違点は契約の中途でも給付が行われうることで、その場合、その後の掛金には借入利息に相当する額が加算されることになる。

この箇条書き（「極力分かりやすく」を心がけました）を示したところで、依然として読者の方々の多くは「はー？」という反応なのではないでしょうか。金融実務や金融論に多少なりとも通じた方からは、「そのような『相互掛金』という金融商品が、定期積金・積立定期や定期担保貸付・小口信用ローンとは別個に、なぜ相銀諸行の業務の柱となり得た（つまり顧客を引き付ける力を持っていた）のか、ぜんっぜん分からない」との声まで聞こえてきそうです。

相銀業態の同時代の観察者、かつ辛口ながら良きアドバイザーでもあった堀家《ほりけ》文吉郎（早大教授）にとってさえ、先の箇条書きのような相互掛金の「公式説明」は分かりにくかったようです。そして同先生は考え続けたうえ、（筆者なりに整理すれば）次の2項目のような「納得できる説明」を述べられています。[3]

・今日から思えば、相互掛金は「定期積金担保の貸越契約つき信用供与」なのだ。
［由里補足：定期積金の担保貸越と違うのは、担保額オーバーの給付もありうる点］
・日掛《ひがけ》金（または月掛《つきがけ》金）が、「給付」の時までは「積立金」の役割、「給付」後は「返済金」の役割を果たす、という仕組みである。

1960年頃の相銀業界人の談話や論説などには「魚《さかな》屋の大将には分かるが大学教授にはわからない相互掛金」といった言い回しが、見受けられます。「相互掛金が分かる」ようになるためのコツは、第18講で述べた戦前の「団あり無尽」の**「講会ごとに掛金を積む→資金が必要になったら申し出て籤《くじ》を引く→当籤《せん》し給付金を得る→割増し（利息相当）された掛金**

をせっせと返す」という「無尽講の営み」をイメージすること、そのうえで「講員」の気分で無尽の仕組みを能動的に活用することだったのでしょう。

2. 10年と続かなかった相互掛金の「主力業務」としての地位

業態発足（1951年）当初の相銀諸行の大半は、冒頭で述べた大蔵省の期待どおり、相互掛金業務を資金受入と運用の主柱としていました（加えて普通銀行と同様の預金業務・貸付業務も取り扱い可）。そして第2講4.で見たように、大蔵省が相並んで「中小企業金融機関」と位置づけた信金業態との比較（1958年3月末）でも、中小企業先数ベースで約2・6倍、同与信額ベースで約1・8倍[4]と、「庶民金融機関のエース格」と呼べるような業容を誇ったのでした。

しかし、その相互掛金業務が間もなく変調を来《きた》しました。図表27のように、業態発足後わずか5年程度で資金吸収・与信の両方面で、併営する銀行業務の預金・貸出

図表 27　相互銀行の資金量・融資量中の相互掛金の比重の推移

※割引手形を含む　単位：%

年月末	資金量構成		融資量(※)構成	
	掛金	預金	掛金	貸出金
1954.9	61.5	38.5	40.7	59.3
1955.3	57.7	42.3	40.8	59.2
1956.3	52.5	47.5	42.4	57.6
1957.3	50.0	50.0	40.9	59.1
1958.3	47.0	53.0	37.4	62.6
1959.3	40.4	59.6	31.5	68.5
1960.3	33.3	66.7	24.8	75.2
1961.3	26.7	73.3	21.3	78.7
1962.3	22.4	77.6	18.3	81.7
1963.3	17.7	82.3	15.3	84.7
1964.3	13.8	86.2	10.3	89.7
1964.9	12.4	87.6	8.4	91.6

出所：『金融財政事情』1965年3月8日、浅野信之「体質変化の要因分析と経営の方向」、25頁の表に一部加筆

金に並ばれるようになり、約10年後の1961年には両方面ともに2割台の比重にまで落ち込みました。もはや「主力業務」とも「強み」とも呼び難いものになってしまったのです。

このような状況においても、業界の中で「相互掛金を引き続き相互銀行の主力商品とすべき」との主張にも根強いものがありました。その多くは、掛金の利用者にとっての次のようなメリットは今もあり、足らないのは（掛金業務の減退が激しい）個別相銀の営業努力だ、とするものでした（実際1960年頃でも資金の過半を掛金で調達していた相銀もありました）。

1) 入札や抽せん方式によらないため、利用者にとって融資の実行日があらかじめ推定でき、必要な時期・金額での資金調達が可能なこと。

2) 返済金は毎日（または毎月）銀行から集金に来てくれるから、足を銀行へあえて運ばなくてもよいし、掛金を入金し続けていればなし崩し的に※返済できていく。

※「なし崩し的に」というのは、住宅ローンの「元利均等返済」のように「元本部分と金利部分の合算で一定額を入金し続けていくうちに、いつしか元本が思った以上に減っていく」という感覚。コンピュータ化・「大衆化」（第6講参照）以前の普通銀行、さらには信金・信組でさえ、計算の面倒な元利均等返済方式を小口客相手に適応したがらなかったが、相互掛金では無尽会社以来の「掛金計算法」のノウハウを活かせた。

3) 大蔵省の「長・短業務の分離」の業務分野調整（第11講2．参照）が厳しい（長期信用銀行・信託銀行以外は基本的に「短期金融業」の位置づけ）なかで、相互掛金業務が元々持つ「長期金融」機能は特色ある強み。

これら「相互掛金派」の「掛金利用者にとってのメリット」は、先の1.で「相互掛金は魚屋《さかな》の大将にはよく分かる」といった話を紹介したように、確かに、無尽会社時代以来の伝統的な小零細顧客層にとっては、メリットであり続けていたでしょう。

しかし1960年前後における相銀業界は、次の第20講で見るように、対象とする顧客層を小零細層から中堅・中小規模層へと「レベルアップ」していく、大きな変革期にありました。先の1)〜3)のようなメリットが「ありがたく」思われるのは、せいぜい小規模企業までで、普通銀行も付き合ってくれるような中堅・中規模企業にとってはそうでもありませんでした。そのような企業はむしろ、次の3.で見るような相互掛金の金利計算等の複雑さや普銀の融資と比べての金利負担の割高さを、嫌ったのでした。

1.で「相互掛金が分かる」ようになるためのコツは、「無尽講の営み」をイメージして「講員」の気分でその仕組みを能動的に活用すること、と述べました。しかし1960年前後といえば、戦前に無尽講が盛んであった最後の時期（1935年頃）からすでに25年が流れていました。小規模企業の経営者たちも含め、「無尽講」を体感的に理解できている人が減っていったことが、相互掛金退潮の大きな原因であったのではないかと思われます。

3．金利計算方法の改善も相互掛金の挽回につながらず

相互掛金をめぐる相銀業界内の論議に接し、大蔵省は基本的に2．で見た「相互掛金肯定論」の立場を取りました。もっとも、大蔵省はその頃、より大きな金融行政上の課題として「金融正常化」（企業の借入金利を引き下げ国際競争力等を強化〔第5講3．参照〕）を目指していましたから、相互掛金の金利設定・計算方法につき以下の問題も指摘しました。

1）借金というものは返済すれば返済しただけ元本が減るべきものなのに、掛金契約の場合は、返済金が累積しても給付金（元本）は一向に減らぬ建前で利息計算される（返済金と給付金との両方が帳簿計上され続けるという、無尽会社以来の「両建式」帳簿の問題）。

2）中途給付の時、給付するまでの未給付口掛金を差し引いて金利計算しないので、給付回次が後になるほど、給付を受けた場合の実質金利が高くなる（「実質金利」は第6講1．「ワンポイント図解」参照）。

3）一般の金融原則である取引先の信用力・担保・貸付金額の大小に応じた金利設定が、従来の相互掛金においては技術的にかなり困難で、「上得意先」ほど不満を持つことになってしまう。

相銀業界は、これらの指摘事項のうち、1)・2)については取引先企業の金利負担軽減につながるよう、正味融資残高（給付金マイナス掛金累積額）に応じた金利のみを徴求する**「残債型」の金利方式**への全面的切替を行いました（1963年）。しかし3)については対応が困難なうえに、「上得意先」に限らず各層の融資先が、ますます銀行的な預金・貸出金取引のほうを好むようになりました。そして1960年代末には、相銀業態の総与信量のなかで「給付金」は1％程度の比重に過ぎない存在になってしまいました。

4.「庶民のための独自商品あってこその相銀」という自覚と「イチワリ貯金」

前講の結び近くで、戦前の営業無尽につき**「人間的接触を必然的に促す仕組み」**を持った非常にユニークなものだった、と筆者は高い評価を述べました。確かに、本書全体をまとめての感想として、信金・信組を庶民に紐《ひも》付けしてきたもの（自《おの》ずとそこから離れないようにする業態独自の仕組み）が協同組織・協同組合という「組織の成り立ち」であったとしたら、相互銀行を庶民に紐《ひも》付けしうるものは「人間的接触を組み込んだ無尽のような独自（業態専属）商品」なのだろう、という気がします。

「団なし」すなわち人間的接触が仕組み化されていない相互掛金が、その意味での中軸的な役割を担えないことが分かってきた1960年過ぎ、かつての無尽の営みを実感として覚えていた相銀経営層・役職者たちが、いわば「無尽由来のDNA」を働かせ、考案したのが

「イチワリ貯金」でした。

当時業界トップ行であった日本相銀が考案した同商品は、基本的に相互掛金（但し定期預金版も可能）であり、以下のような商品性を有していました。

①目標額は10万円の倍数金額とし、1回の積立金は1000円以上百円単位（目安は「給料の1割」のイメージで、これが「イチワリ」のネーミングの由来）

②加入者が他行の営業区域へ移住した場合も相銀間で移管し、貯金を継続することができる

③各行の事情に応じて見返り融資も行う

④パンフレット等媒体物の共同調整をはじめ、共同PR、共同企画の推進など、協調体制を確立する

業界人の手になると思われる匿名論説の隼［1963］[5]は、「文字どおり大衆の中に生まれ、育った相銀が今後の生きる道を大衆の中に求める」なかで、「これこそ相銀」という特色・イメージを担うことを期待することができる共通商品（案）が「イチワリ貯金」であると述べています。そして同商品案の「底に流れる理念が、ながらく求めていた新しい相銀のイメージにマッチし」ていた、と続けます。

この隼［1963］の言う、「イチワリ預金」が「これこそ相銀」という特色・イメージを持っていた、その具体的な優《すぐ》れた点を筆者なりにまとめると、以下のようになります。

a）毎月積み立てねばならないので（強制貯蓄性）、「つい使いすぎてしまう」庶民の家計の計画的運営に役立つ

b）加入途中で借り入れるとしても掛金（または預金）の範囲内なので、正味資産（資産－負債）は必ず積み上がる

c）相銀の渉外職員とのコンタクトや家計運営の「お役立ち本」がセットされていて（家計コンサルティング機能）、積み立て意志が強固でない顧客も背中を押してもらえる

振り返ってみれば、これらの機能・サービスは、戦前いや明治以前から無尽講が**「どうしてもお金が貯まらない」庶民**の、その役に立ってきた秘訣でもありました。庶民の「こらえ性《しょう》のなさ」を知り抜いたうえで、うるさ過ぎないサポートをしてくれる、というサービスです。

しかし「イチワリ貯金」の商品案は、実施直前で大蔵省の横やりが入り、出端《でばな》をくじかれます。すなわち、相互掛金である限り、中途給付権を強制放棄させるような商品設計（相互

銀行法違反の疑い）は認めがたい、というお堅い警告でした（前記の共通商品案の③は「給付」でなく「掛金担保貸付」）。これにより結局、相互掛金方式の場合は中途給付権を明記することになり、顧客に「貯蓄目標」を達成させる「強制貯蓄性」（前記の「優《すぐ》れた点」のa）が薄れてしまったのです。

結局、「イチワリ貯金」は「相銀業界ならではの統一商品」になることができませんでした。

それでも隼［1963］は、熱く訴えます。

「商品化は問題があるから、既往商品で間に合わす」との退嬰《たいえい》的意見は、あまりにも本末を顚《てん》倒している。［相互銀行の］理念はそれにふさわしい商品があってはじめてセールスしうる。（傍線は追加）

「イチワリ貯金」は少なからずの相銀諸行で1964年4月に開始されましたが、結局、取り扱った諸行でもそれほど伸びませんでした。

その一因としては、折悪《おりあ》しく大蔵省の「金融正常化」行政（第5講3．参照）のもと、「なるべく経費を節約し、企業向け貸出金利を低くすること」とのお達しのため、下記のように十分なプロモーションや推進体制が組めなかったこともありました。

・商品キャンペーン（含、ポスター・チラシ・頒布品）が事細かな規制対象とされた
・先のc）「家計コンサルティング機能」を担うはずの（小口客向け）渉外人員のカット

「イチワリ貯金」の挫折後しばらくして、都銀が「大衆化商品」を次々繰り出す1970年代に入っていきます（第6講3．参照）。「イチワリ貯金」で業界一体路線のはずみをつけたいと意気込んでいた相銀業界でしたが、かえって業界内の足並みが乱れる結果となり、その後「大衆化商品」の開発競争において都銀などの後塵《こうじん》を拝することにもつながりました。

（1）本講は、おもに次の拙稿をベースにしています（本講で省いた参照文献等につき同稿をご参照ください）：由里［2022b］、「『金融効率化』行政と『業態理念冬の時代』に差し掛かった相銀・信金・信組」、3節
（2）日本銀行調査局［1981］、『わが国の金融制度』、日本銀行調査局、236―237頁
（3）堀家文吉郎［1975］、『銀行行動の研究』、日本経済評論社、245頁
（4）『信用金庫25年史』［1977］、447頁
（5）隼（ペンネーム）［1963］、「相互銀行はこのままでよいか」（視角―相互銀行）、『金融財政事情』、1963年9月9日

第20講

「取引層のレベルアップ」と普銀との同質化の始まり
――融資基盤の再構築に立ちはだかる「メイン行」都・地銀――

1．掛金業務のウェイト低下にあわせ小零細取引先を「選別（リストラ）」

第18講から第19講にかけて、無尽会社業態から相互銀行業態へと引き継がれた無尽・相互掛金業務につき歴史をたどりました。第19講2．の図表27にあるように、相銀業態発足（1951年）ののちわずか10年余りで、相互掛金業務は銀行的な預金・貸出金業務のわずか1割程度まで衰退しましたが、逆に言えば相銀諸行の銀行業務のほうは大いに伸びたのです。

本講では、掛金業務と銀行業務の両方を含む相互銀行の融資業務とその収益性などについて、1970年代はじめ頃までの展開を見ていきましょう。

図表28は相銀業態（70行余り、年次により若干変動）の集計量ベースで、その融資額の規

模的（零細先〜大口先）な分布を見ようとしたものです。（あちこち見させてすみませんが）第6講2.の図表7（事業先のみのデータ）と併《あわ》せてご覧になれば良く分かるように、1950年後半から1960年代はじめ頃までは、相銀業態の融資先は小零細先が中心で、その「1先当り貸出残高」は信金業態よりさらに小さいものでした（1955年3月末で相銀が約21万円、信金が約29万円［図表7］）。

それが図表28が示すように1960年代末には、零細先がわずかになり（この頃個人ローンも伸び出していて事業性融資先に限れば表が示すより零細先は一層わずか）、中堅・中・小の事業先が並んで重要な位置を占めるような融資構造に変わっていました。再度図表7を見れば、1970年3月末の「1先当り貸出残高」は相銀が約560万円で信金の約350万円よりずいぶん大きく、地銀の約420万円さえ優に上回っていました。

図表28　相銀業態の金額別融資残高構成の推移

西暦の下二桁 年月末	100万円 以下	300万円 以下	500万円 以下	1000万円 以下	1000万円 以上				計 %
61.3	29.8	18.1	9.7	12.1	30.2				100
62.3	21.3	16.1	9.3	13.0	40.4				100
63.3	15.1	13.6	8.4	12.2	50.6				100
64.3	12.0	12.5	8.1	12.0	55.5				100
65.3	10.2	11.5	7.7	11.3	59.4				100
66.3	8.6	10.4	7.1	10.8	63.1				100
67.3	7.8	10.1	7.2	10.9	64.0				100
68.3	7.1	9.5	6.4	10.3	66.7				100
69.3	7.1	9.4	6.4	10.3	31.1	15.9	12.2	7.6	100
70.3	6.0	8.5	5.8	9.2	30.2	16.9	13.9	9.5	100
71.3	5.2	7.8	5.2	8.4	29.1	17.8	14.9	11.6	100
73.3	3.8	11.7		7.4	24.0	15.3	16.9	20.9	100
79.3	1.7	9.3		10.2	21.2	11.9	14.1	31.6	100
				69.3以降につき⇒	5千万円 以下	1億円 以下	2億円 以下	2億円 超	

出所：筆者作表（データ出所 — 1971年までは『第二地方銀行協会50年史』[2002] 141頁、1973年以降は『金融財政事情』1980年7月21日、39頁所載の金制調特別委員会資料）

このような1960年代の取引層の変化につき、1970年の『相互銀行読本』（相互銀行協会［相銀協］による相銀職員向け概説書）では、次のように説明されています。[1]

1）（業界発展の）第1期（1951年10月～56年度）においては、（無尽会社時代からの）掛金業務を主体としていた関係で、取引先の数がきわめて多く、しかも個人商店などのいわゆる零細企業の比重が高かった。

2）第2期（1957年度～62年度）に入ると、業容の拡大を背景として、取引先を中小企業のより規模の大きい、より成長性の高い企業にシフトさせる一方、零細企業の比重を徐々に低下させていった。

3）第3期（1963年度～68年度）にいたり、このような取引先のレベルアップの動きは相互銀行をめぐる経営環境の変化の過程において頓挫《とんざ》し、反省期に入ってきているといえる。

この説明で「取引先のレベルアップ」と呼んでいる相銀業界一般に見られた動きは、資料によっては**「取引層のレベルアップ」**とも呼ばれます。その背景には、「金融正常化」行政のもと経費切下げ・金利引下げが求められたこと（第5講3．および第19講4．参照）もありました。

具体的には、1960年代初頭、零細商店などが売上代金の預け先として重宝《ちょうほう》していた「日掛け」（外務員などが毎日集金）を廃止する（「月掛け」は継続）相銀が相次ぎました[2]。その頃続いていた相互掛金の退潮と相まって、結果的に1950年代後半から60年代前半にかけて、小零細取引先の「選別（リストラ）」が進みました。

ちょうどその頃、信金・信組両業態が伸び盛りであったこともあり（第10講2.の図表13参照）、相銀から袖にされたそれら小零細先の大半は、信金・信組との取引へと軟着陸できたと思われます。そして相銀諸行は、小零細先に貸していた資金を中堅・中規模先に回し、先の2)にあるように融資資金を「より成長性の高い企業にシフトさせる」ことができました。

しかしながら、それら「より成長性の高い企業」の多くには、当然のように都銀や地銀がメインバンクの座に就いており、相銀は後発組として**取引ランクや担保設定順位の低さ**に甘んじる必要がありました。しかも都・地銀の行動パターンとして、金融緩和期になれば後発金融機関を押しのけて中堅・中小企業融資を伸ばそうとする（第4講2.「二重構造」参照）ため、結局相銀は「労多くして実り少なし」となることも多かったのでした。先の3)にある「取引先のレベルアップの動きは…頓挫《とんざ》し」のくだりは、そのような問題も反映しています。

2.「取引層のレベルアップ」は成ったが収益性は信金業態よりも劣後

「取引層のレベルアップ」を経て、相銀自身の経営効率性は高まったのでしょうか？　結論を先に申せば、図表29が示すように、業界が望んだようには高まりませんでした。

相銀業態は「中小企業金融機関」として中小企業を取引先とするため、「小口・多数」の非効率性は避けられず、都・地銀などよりも経費が高めになるのは仕方がないでしょう。しかし同じく中小企業を取引先とする信金業態よりも利鞘《ざや》で差をつけられているのは、相銀業態の人件費率（b1）および物件費率（b2）が高いためであり、「取引層のレベルアップ」に合わせて都・地銀に準ずるような賃金水準そして店舗・事務設備を備えようとしていたことの影響でしょう。

もちろん、経営変革に「先行投資」は付きもので、右のような経費も順次「レベルアップした融資基盤」として実っていけば、意味のある投資だったことになります。しかしその「融資基盤づくり」の面でも、次の3.で見るように相銀業態は問題をかかえていました。

図表29　金融4業態（都銀〜信金）の利鞘《ざや》の比較

（1970年3月期）　　単位：%

	預金利率 a	経費率 b	人件費率 b1	物件費率 b2	その他 b3	預金コスト a＋b＝C	貸出利回 L	利鞘 L－C
都市銀行	4.13	2.04	1.12	0.81	0.11	6.17	7.45	1.28
地方銀行	4.06	1.93	1.18	0.68	0.07	5.99	7.85	1.86
相互銀行	4.17	2.63	1.67	0.90	0.06	6.80	8.46	1.66
信用金庫	4.24	2.31	1.48	0.67	0.16	6.55	8.50	1.95

出所：『金融ジャーナル』1970年10月号「中小金融制度の現況と問題点」、48頁
（“a”〜“L－C”の付記および「その他（b3）」の列は筆者加筆）

3.「メイン行」の地位が取れないことが低収益性につながった

すでに第6講の2.で、相銀は「取引先のレベルアップ」により、必然的に「融資先全企業のなかでメイン（の座を取っている）先が占める比率」（**「メイン先比率」**）が低下してしまうという問題をかかえた、と述べました。ここでは、その問題をもう少しじっくり見てみましょう。

本講の2.で述べた、相銀業態の経営指標の不振ぶりの背景につき、『金融財政事情』の〝業界の事情に精通されている方々〟の座談会発言[3]から引用してみましょう。

> 相互銀行は、現在、率直にいって、いちばん苦しいかもしれない。相互銀行の運用利回りはかなり落ちてきています。とくに中規模以上の相互銀行の金利が普通銀行の金利にさや寄せさせられているといった面が強い。相銀は〝足で稼ぐ〟無尽会社から出ていたものが、効率化ということをやかましくいわれたために、なるべく足で稼ぐような小口のものは切り捨て、融資先を大口化することによって、効率化を図った。その結果、地方銀行あるいは都市銀行の客と競合する場面が多くなった。
>
> 相互銀行は、あまり［信用金庫のような］根がないことは確かであろう。地銀のような地方公共団体というしっかりした旦那もいなければ、都銀のように効率のいい［メイン先の法人］預金が回転しないものだから、［貸出金の歩留りが悪く］コストはなかな

か下がらない。

たとえば信用金庫、あるいは地銀も…地元に昔からある金融機関でその地区の状況をよく知っている金融機関は、直感的にそういう［地元の］人たちを判定して貸出をするという能力がすぐれている。ところが相互銀行の場合には後発金融機関でもあるところから地元の深耕に遅れをとり、薄く拡がった融資基盤をもつに至っている。そのためなかなか…［地元顧客の事情に通じた］判断での貸出審査はできない。

（傍点［相銀の苦しい状況］・傍線［他業態の優位性］は追加）

おそらく相銀・信金担当の大蔵省役職者によるものと思われるこの発言で、「後発金融機関」（傍点部分）という言葉が出ます。第18講・第19講で見たように相銀業態は無尽会社業態の後継業態であり、（戦後新設組もありますが）相銀諸行の多くは諸信金に引けを取らない歴史を持っていました。しかし元々のメイン先の多くが「日掛け」集金先に代表される小零細事業主で、「取引層のレベルアップ」によりそれらの多くを捨て去ったがため、新たに融資関係を求めた中堅・中規模企業取引先(4)との関係において「後発金融機関」になってしまったのです。

やはり先の発言にありますが、都・地銀がどっしりメイン行の座にあるような中堅・中規模企業は、その企業が（関連）預金をメイン行に集中的に置こうとするため、それらメイン行にとっては貸出金の歩留《ぶどま》りも良く、貸出レートが表面的に低くても、結果的に高い実質金利を獲得することができます（第6講1.「ワンポイント図解」参照）。「後発組」相銀がそれら都・地銀の貸出レートと競った場合、歩留《ぶどま》りの悪さから、低い貸出レートがそのまま低収益要因になってしまい、それが先に2.で見た相銀業態の低収益性の一因にもなっていたのでした。

さらに付け加えれば、融資先での歩留《ぶどま》りが悪ければ、一般預金先から渉外スタッフの人海戦術や窓口勧誘などで（多くは小口の）預金をせっせと集めたり、コール市場などで割高な金利での調達をする必要性も高くなります。それらもまた、相銀業態の収益性の足を引っ張りました。

4. 融資額の業種別構成に見る融資基盤の不安定性

次に、「取引層のレベルアップ」が行われた期間における、相銀業態貸出先の業種別構成の変化を見ましょう。図表30は、先に1.で引用した『相互銀行読本』［1970］に載せられた、その関連のデータ表です。

このデータ表の右欄外には、先の1.で紹介した相銀業界発展の第1期・第2期・第3期もマル数字で付記してあります。表の引用元の『相互銀行読本』の説明では、第1期に卸・小売業とサービス業、すなわち第3次産業中心であった融資量構成が、第2期には当時の日本（高度成長の始期）の第2次産業化に合わせた「取引層のレベルアップ」によって製造業を重点とするものに変化したと述べられています。しかし第3期にはその第2次産業シフトも頭打ちになり、卸・小売業とサービス業の比率が若干戻るとともに、右端の「その他」、より具体的には建設・不動産・個人向けの融資が増えた、と述べられています。

また『第二地方銀行協会50年史』［2002］には、今述べた第3期と（図表30には表れていない）1970年代初頭における建設・不動産向けの融資の増加につき、「これら業種向け融資は時流に乗ったものであり、取引メリットは大きい反面、不安定な企業も少なからず見受けられ、その後、相互銀行の中には、こうした融資構成の偏りが、結果的にはその融資基盤の脆《ぜい》弱さにつながったところもあった」とのコメントも付けられています（139－140頁）。

5. 小口も含め「従来のメイン先」を大事にし続けた相銀諸行の存在

4. の最後で引用した『第二地方銀行協会50年史』［2002］

図表 30　相銀業態の融資量業種別構成の推移

単位：%

年月末	製造業	卸・小売業	サービス業	その他	計
1952.3	22.9	36.5	17.6	23.0	100
1954.3	25.3	37.6	16.3	20.8	100
1956.3	24.5	35.7	18.6	21.2	100
1958.3	26.3	37.6	15.7	20.4	100
1960.3	28.5	36.2	14.4	20.9	100
1962.3	33.2	31.5	13.0	22.3	100
1964.3	34.9	31.2	11.8	22.1	100
1966.3	32.8	32.0	11.8	23.4	100
(除 日本相互)	(28.0)	(32.4)	(12.3)	(27.3)	(100)
1968.3	30.6	32.2	11.4	25.8	100
1969.3	27.5	32.1	11.8	28.6	100

51～56 年度：
①発展への
地固めの時期
57～62 年度：
②驚異的な
発展の時期
63～68 年度：
③質的向上を
迫られた時期

出所：『相互銀行読本』（注 1 参照）、124 頁（データ年次の一部省略）

には、同所で紹介したコメントのほかにも、先の図表28の貸出先大口化傾向について「経営の効率化や速攻性を求めて、融資姿勢を大口融資に傾斜し…」など、「取引層のレベルアップ」に対して批判的コメントが見受けられます。このコメントの背景には、相銀諸行の少なからずが1980年代から1990年代初頭にかけて「バブル期」特有の融資に走り、その後1990年代半ばから2000年代初頭にかけて（第二地銀64行中）16行もの破綻が起こってしまったこと(5)への、同年史の書き手の悔《く》やむ思いがあったのではないかと思われます。

つまり、「取引層のレベルアップ」に際して起こった融資態度の緩み（引用した年史の傍点部分）は「バブル期」特有の融資と共通する問題も多く、たとえば1970年頃に相銀業界としてタイムリーに反省していれば、その後の相銀諸行の融資政策はバブルの波にも沈まないものになっていたかも…、と同年史の書き手たち――バブル崩壊後の「金融動乱」を経た第二地銀の関係者たち――は相銀時代を振り返ったのではないでしょうか。

先に述べた第二地銀の破綻率の高さ（16÷64＝25％）から、そして次講以降で述べる1970年代以降の業界としての方向感の揺れから、往々にして個々の旧相互銀行も十分な歴史的評価を与えられていないように感じます。しかし1960年代の「取引層のレベルアップ」の時流のなかでも、また、ほとんどの金融業態を覆ったバブル期においても、地道に取引先中小企業のメイン行としての務めを果たそうと努め、「金融動乱」期にも立派に生き残った旧相銀（第二地銀）も多かったのです。

1960年代当時の70余りの相銀諸行につき、取引先中小企業を極力大事にしようと努めていた相銀すべてを調べ上げることは、筆者にも力が及びません。しかし目についた範囲内から、二つの相銀だけ例を挙げましょう。

たとえば名古屋相銀は、1966年10月の支店長会議で示された「四本の柱」の一つとして「中小企業に密着した融資構造の改善」を挙げ、「顧客との密接化」を筆頭に記したうえ、2番目に「大口取引先は…地元に多くの関連［中小企業］取引先をもつ企業に限定する」と明記しています(6)。

また栃木相銀の年史からは、1960年代をとおして同行では「中小企業への積極的な融資方針の持続」がモットーとされていたこと、そして1971年上期からの「第3次長期計画」の実施過程では、金制調1967年答申に忠実に「中小企業専門金融機関」としての使命を自負心をもって果たそうという意識があった旨、記されています(7)（次の第21講で見るように、同答申中で「中小企業専門金融機関」の位置づけが相銀業態に再度与えられたことに対し、1970年代には反発し方向性を違《たが》える相銀も現れました）。

ただ、これら2相銀が中小企業の取引先基盤を大事にしつつ自行の発展も達成できたその背景には、地盤地域の発展性や金融機関同士の競合状況（名古屋相銀の愛知県は珍しく地元地銀が存在しませんでした）など、外部環境要因もありました。「取引層のレベルアップ」を図った相銀諸行の場合、そのような環境に恵まれておらず、悩んだ末にその道を選んだ、ということもあったでしょう。そのあたりが相銀業態の歴史的評価の難しいところです。

（1）浅野信之［1970］、『相互銀行読本』、金融財政事情研究会、123頁
（2）『金融財政事情』1962年4月16日、「日掛け廃止に対処する相銀界」（金融経営の窓）
（3）『金融財政事情』1972年3月20日、匿名座談会「脱皮を迫られる中小金融経営」、29頁・31頁
（4）由里［2020a, b］、「日本相銀の『中堅企業』指向と『選択的拡大論』」（前編・後編）
（5）預金保険機構（編）［2007］、『平成金融危機への対応』、金融財政事情研究会、340頁
（6）名古屋相互銀行行史編纂室（編）［1970］、『名古屋相互銀行20年史』、316頁
（7）栃木相互銀行30年史編纂委員会（編）［1974］、『栃木相互銀行30年史』、214–215頁

第21講

合併・転換法のもと「抜け駆け普銀化」にざわつく相銀業界
――〝普銀化〟志向の高まりと疎《おろそ》かになる業界の体質改善策――

1. 1968年合併・転換法が可能にした大手・有力相銀の「抜け駆け普銀化」

本講[1]と次の第22講では、かなりの部分を用いて、**「〝銀行〟志向熱を強め自ら業態の幕引きを図った相銀業界」**を描いてみたいと思います。相銀業態は――さらに言えば無尽講以来の長大な歴史をもつ「掛金」・「給付」という庶民金融の代表的営みは――なぜ終わりを迎えたのでしょうか。

図表31は、その表題のとおり相銀業界の「〝普銀化〟に揺れ続けた」1970～80年代を中心にまとめたもので、本講・次講を通じて繰り返し参照します。

先の第20講のタイトルにも「普銀との同質化の始まり」という言葉があったように、相銀業態の業務面での普通銀行（都銀と地銀、略称**「普銀」**）との同質化は1960年代にはか

図表 31 「普銀化」に揺れ続けた相銀業界の略年表

年	金融(制度)全般 / 普通銀行関連	相銀業界(中央)関連
1968	金制調「中小企業金融制度のあり方」答申 →「中小企業への定着を」 **日本相銀が普銀転換し太陽銀行(都銀)に**	
1969		相互銀行に統一経理基準適用(年度上期から) 合併・転換法
1971	第一勧業銀行発足 (第一銀行・日本勧業銀行合併)	(70 年代初頭)大手相銀で株式上場進む
1973	太陽神戸銀行発足 (太陽銀行・神戸銀行合併)	(73/7 ～ 75/5) 「発展計画専門部会」が業界発展方向を議論
	(73/10 ～)**弘前相互・青和銀合併問題で普銀化論議再燃**	
1974		「相互銀行のイメージ調査」実施を決定(9 月) → 10 ～ 11 月実施
1975	国債発行額高水準となり 金利自由化の促進剤に 金制調「銀行制度の見直しに関する小委員会」 (75/10 ～ 79/6)	「発展計画専門部会」答申、「中小企業銀行法」を制定し **"相互" を削除し「銀行」のみの呼称とする**等の制度改正要求を提案 (75/6 ～ 78/2)「金融制度研究会」 (学者への調査委嘱も)
1977		同研究会が中間報告、 専門性発揮と内部態勢作りを強調
1978		同研究会が最終報告、"相互" 削除は時期尚早(2 月) **兵庫相銀・近畿相銀の合併構想**⇒頓挫
	相銀協会長、金制調総会にて制度変更要望(9 月);「金融制度委員会」発足(7 月)	
1979	金制調「普通銀行のあり方と銀行制度の改正」答申 大蔵省「困難」と回答(4 月)	「金融制度委員会」全行一斉普銀転換論 →相銀協決定(1 月) 相銀協「7 項目」要望書に修正("相互" 削除が第 1 項目)(7 月) (79 ～ 80 前半)大光・徳陽・平和の各相銀で「簿外保証」不祥事
1980	中期国債ファンド、改正外為法→「二つのコクサイ化」	└→相銀協の側から "相互" 削除要望取り下げ(10 月)
	金制調「中小企業専門金融機関等のあり方と制度の改正」答申、相銀普銀化につき「機未だ熟さず」(11 月)	
1982	('80-'82)国債銀行窓販・MMC など金融自由化論議盛んに	四島相銀協会長、「第三普銀論」を表明(7 月)
1983	国債の銀行等窓販開始 日米円ドル委員会	**西日本相銀、高千穂相銀と合併し普銀転換する旨表明**(4 月) 「基本問題委員会」設置、制度問題議論再開(11 月)
1984	└→内外金融取引・外資参入の規制緩和が加速	同委員会、普銀一斉転換を要望(5 月)
1985	自由金利の大口定期預金・MMC 創設	
	プラザ合意→円高進行 金制調「金融自由化の進展とその環境整備」答申→専門委員会として「制度問題研究会」設置	
1987		⟹「制度問題研究会」相銀業態の普銀化を是とする報告
1989	株価・地価等資産価格急騰	相互銀行の普銀転換開始(→第二地銀)(2 月)
1990	バブル経済、株価そして地価において崩壊局面へ	徳陽相銀の普銀転換により相互銀行消滅(8 月)

出所:由里[2023]「1970 年代相互銀行業界の戦略的迷走」、15 頁所載の図表 5 をベースに、簡略化・加筆等を行った

なり進んできていました（それゆえ都・地銀との競合が激化）。しかし個別の相銀諸行の意思表明や、全国相互銀行協会（「相銀協」）の見解・決定において、「相互銀行の看板を外させてほしい」とか「普銀になりたい」などといった言葉が飛び出すことは、およそ考えられませんでした。

しかし1968年6月の合併・転換法の施行後、その「転換第一号」として業界最大手で業界全体の資金量の12％強を持つ「ガリバー的存在」であった日本相銀が都銀転換（同年12月）したことで相銀業界はざわつき始めます。日本相銀の「都銀成《な》り」（↓太陽銀行）は、相銀業態の勢力を1割強も削《そ》ぐとともに、「次はどこが普銀（地銀）に転換しようとするのか？」という疑心暗鬼を相銀業界にもたらしました。とりあえず大蔵省筋が、「地銀平均並の経営指標がなければ普銀転換は認めない」という「転換抑制方針」を相銀業界向けに発信したこと[2]で、日本相銀に続く具体的な動きはおさまりました。

しかし日本相銀の後も、おおむね5年間隔で「抜け駆け的に普銀化か？」と業界を騒がせる合併事案が次のように起こり、そのたびごとに相銀業界はざわつくことになったのでした。

1973〜76年：弘前相銀が青和銀行を実質救済合併↓みちのく銀行（「存続行は青和」の形式を取ったが、実質的に弘前相銀の普銀化）

1978年：兵庫相銀（業界2位）・近畿相銀（同4位）の合併話……結局頓挫したが

「合併後は普銀化か」（そうなればそれに続こうとする合併話も）と噂された[3]

1983年：西日本相銀が高千穂相銀を実質救済合併→西日本銀行（西日本の経営内容が地銀レベルゆえ大蔵省は普銀化認容、しかし相銀業界には「抜け駆け」との不満も）

（図表31では各合併騒動がゴチックで目立つように記されています）

2.「イメージ調査」から「"相互"のイメージ悪玉論」へ

第19講・第20講で見たような「相銀の独自商品（相互掛金）の衰退」と「融資面での普銀とのバッティング（対象マーケットの"同質化"）」を踏まえれば、相銀業界内で「相互銀行制度」の再考論議が起こること自体は当然の動きでした。『第二地方銀行協会50年史』［2002］第Ⅱ編は、1973年7月から開始された、相銀協の経営委員会「発展計画専門部会」における議論を「相互銀行制度問題の検討」の始まりと位置づけています。

しかし、その「発展計画専門部会」の議論開始に合わせたかのように、前述の「弘前相互・青和銀合併問題」が起こったのでした。1.で述べたように、この合併問題は相銀業界をざわつかせ、業界内には「大手相銀による抜け駆け的な普銀転換のなだれ現象」を恐れる声が大きくなりました（「業界中位行の弘前相互に普銀化の先を越されて大手相銀が黙っているはずがない」と)。

すでに「ガリバー」日本相銀の普銀転換(1968年末)で、相銀業界は大手が「抜け駆け」することによる業界の力量・イメージダウンの大問題を実感済みでした。相銀業界人のなかにも、「普銀になれないから〝相銀〟の看板を掲げているのだ」という「イメージ」を世間から持たれているのではないか、という「ネガティブな〝相銀〟イメージ」の思いを持つ人が現れてきました。その「ネガティブな〝相銀〟イメージ論」の「論拠」として、「現に〝相互銀行〟の名の入った手形・小切手よりも『銀行(都・地銀)』の手形・小切手を持ちたがる客が多い」といったことが語られました。

そのような「〝相銀〟イメージの問題」の真偽を確かめるべく、図表31の1974年の欄にある**「相互銀行のイメージ調査」**が行われました。この「イメージ調査」の結果[4]の(筆者の見るところ)「歪《ゆが》んだ解釈」により、「〝相互〟のイメージ悪玉論」が「業界の定説」になり、**「商号上〝相互〟の名称を削除してほしい」**と大蔵省に求める「運動」(1975~80年、図表31にゴチック体表記)の推進力になったのでした。

この「相互銀行のイメージ調査」の結果の「歪《ゆが》んだ解釈」に関しては、注1に記した論文(以下「ベース論文」)の2節(5)で検討しました。詳しくはそちらをご覧いただければと思いますが、手短かに言えば、筆者には「否定的なイメージを持っているのは、現に相銀と取引している客層ではなく、取引層でもない人々が(ぼんやりと持つ)〝相互銀行のイメージ〟である。そんな〝影のようなもの〟に気を取られてどうする？」と思われ、筆者は当時の相銀業界首脳たちの同調査結果の「解釈」に強い違和感をおぼえたのでした（第12講で見たように、同じ1970年代、お隣の信金業界は「〝信用金庫〟の看板」が「抹殺」されなかったことを励みに「より信用金庫らしくなろう」と頑張っていたのです）。

先の「イメージ調査」に戻りますと、確かに、「一流である」との答えは個人の相銀取引層で1割を切り、事業所の相銀取引層でも約1割にとどまっていました。しかし、相銀と取引のある回答者たちの多くは都銀などよりも相銀に「親しみ」を感じると答え、つまるところ、「（世間一般でいう）〝一流〟かどうかはともかく、自分には相銀が合うし、相銀と付き合い続けたい」と思ってくれていたのでした。その**「顧客層定着の事実」**――相銀諸行の戦後の営みのなかで積み上がった口座数・口座残高そして店頭のにぎわいがその証拠――のほうが、はるかに重要なアンケート結果であったはずです。

3．問題の本質は相銀業界人自身の「ネガティブな自己意識」と企業融資面の苦境

相銀業界は「〝相互〟のイメージは『二流』などと悪い」という「（歪《ゆが》んで解釈された）事実」を楯《たて》に、図表31の1975年の欄にあるように**〝相互〟名称の削除を要請する「運動」**を大蔵省相手に始めました。

そもそも人間心理の困ったクセとして、自分のことをネガティブに思う感情がこじれてし

まうと、なかなか客観的な見方や前向きな生き方は取り戻せないものです。筆者は心理学は専門外ですが、「ベース論文」（注1参照）でどうしても1970年代の相銀業界首脳たちの**「〝相互〟名称削除運動」**の心理的起因を探りたくなりました。スペースの関係で、ここでも「詳しくはベース論文を」と申さざるをえないのですが、筆者なりに考察した結論は、「〝相銀〟にネガティブなイメージをいだいていたのは、『イメージ調査』回答者うんぬん以前に、相銀業界首脳たち自身ではなかったのか」ということでした（スタンダードと思われる心理学書[5]も参照したうえでの見解です）。

図表32はやはり同論文からのもので、その筆者の考察をまとめた「試作品」です。

図表32に併《あわ》せて表現しようとしたのは、先に述べた「相銀業界首脳たち自身が〝相銀〟にネガティブなイメージを持っていた」その心理状況の背景には、**相銀諸行の企業融資面での苦境**があった、ということです。この問題については、1960年代について第20講で述べましたが、1970年代

図表32　相互銀行の「"相互" 名称削除運動」の心理的起因の図式化
（1970年代中盤～末）

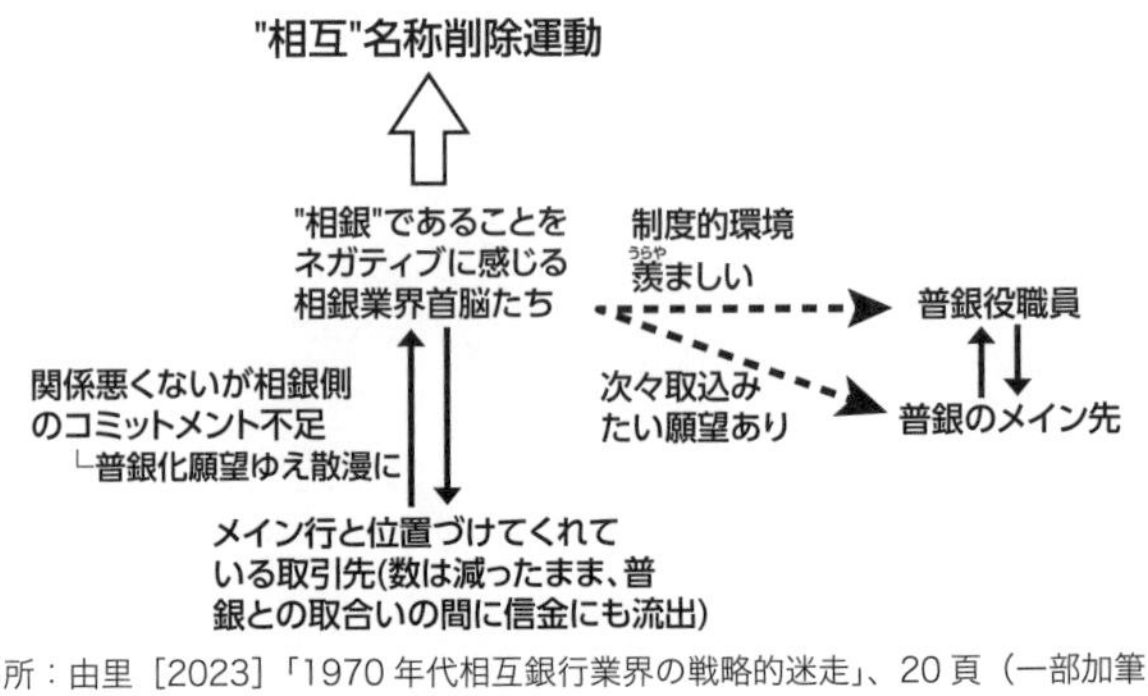

出所：由里［2023］「1970年代相互銀行業界の戦略的迷走」、20頁（一部加筆・修正）

の企業融資の状況につき、概略を見てみましょう。

第６講２.の図表7が示すように、１９７０年代に入っても相銀業態の中小企業融資先数の減少は止まらず、１９７０年と１９７６年との比較で、融資先数は73・５万から67・４万へと、さらに８％強減少しました。ただ、（同表には示されていませんが）残高ベースで見ると、同じ６年の間に中小企業融資額全体は１６６％伸びており、地銀の１５８％、信金の１７６％と比べても健闘していました（但し都銀は２００％の伸び）。

問題は融資関係の「濃さ」にありました。具体的には、「メインになりたい」企業のメイン行になれない、そして「つきあい融資」、「スポット融資」が多いということで、基本的には第20講で述べた１９６０年代の「メイン先企業の層が薄い」という構図が続いていたのでした（同講の５.で述べたようにメイン先層の強化に成功しつつあった相銀もありましたが）。

１９７０年代の新たな動きとしては、第20講１.の図表28にあるように、２億円超の融資がある先への融資比率が急上昇していった（１９７０年９・５％→１９７９年31・６％）、ということがありました。ただ、述べてきたように、中小企業でも都・地銀とバッティングするような規模・信用度のある先では概してメインの座が取れていなかったのですから、２億円超もの先（当時の大蔵省規制では相銀は一先８億円まで可）[6]では、なおさら非メイン行の立場での〝つきあい融資〟・〝スポット融資〟が多かったはずです。

4．体質改善策の議論が「〝相互〟名称削除運動」の陰に隠れてしまった1970年代後半

相銀業界は、前段で見た企業融資基盤の弱さという根本問題への対処よりも、〝相互〟名称の削除要望を優先し続けました――本支店の看板から〝相互〟さえ外れれば、企業融資基盤も「地銀並み」になっていくとばかりに――。

しかし大蔵当局の側、また学者たちやメディアの理解は得られませんでした。大蔵当局者のものと思《おぼ》しき匿名論説は、「普銀転換論議は〝隣の柿〟の趣」との表題を付け、「隣（この場合普銀）の柿は甘い」のことわざどおりの、相銀業界が（地銀の事情を深く知りもせず）地銀を羨《うらや》む態度を批判しています。(7)

しかし相銀業界は、〝相互〟名称の削除要望の打診段階で大蔵省に拒《こば》まれた案を再度練り直したり、大蔵省に思い切って「普銀一斉転換」を申し出たりします（1979年はじめ）。そしてその都度、大蔵省に原則論（制度変更には公共性のある理由付けが必要、また相銀諸行における金融機関本来の体制の不備［相銀業界内不祥事も原因］）で突き返されてしまいます。そのようにして、要望の練り直し・改変・取り下げの非生産的な繰り返しが、1980年10月の〝相互〟名称の削除要望の正式撤回（金制調特別委員会の場における）まで続いたのでした。

その間、図表31の1977年の欄にあるように、相銀協が委嘱した学者たちが「当面の急務である**経営体質の強化と専門性追求の徹底化**を図ることが、［商号変更実現の地慣《じなら》しとし

ても」現実的な対応策」などと答申するといった、「正論」が交わされた場面もありました。しかし図表31の右の欄外「普銀化志向熱量の強さ」の幅が示すように、大蔵省や識者たちの「お叱《しか》り」・アドバイス、はたまた相銀業界内の不祥事にもひるむことなく、普銀化志向の熱量は傾向としては増大し続けました。

〝相互〟名称の削除要望を正式に議論した1980年3〜10月の金制調特別委員会では、大蔵省自身が銀行・相銀・信金・信組のイメージを調査した（1979年）、その結果を前にしての審議も行われました。先の1975年の「イメージ調査」とは違い、『相互』のイメージは決して悪くない」との調査結果でした。委員たちからは、「相互」という語に関しても、（「相互掛金」でなくとも）「相互扶助」の語感があり中小企業専門機関として活かすことができる、との意見も出され、また信金・信組と比べ相銀が受ける中小企業専門機関としてのメリットが少なめであり、相互掛金などにつき何らかの優遇措置を講ずることも提案されました。

結局、「金融制度の基本線を打ち出す」という重みのある金制調の委員会を、「簿外保証」など身内の不祥事が起こった業態がこれ以上わずらわすのは……、と判断した長谷川相銀協会長（兵庫相銀社長）は、自主的に要望を取り下げました（1980年10月）。しかし、だからといって決して、業界内の「普銀化志向の熱量」は大きく減りはしなかったのでした（第22講に続く）。

（1）本講は、次の拙稿の2節をベースにしています（本講で省いた参照文献等につき同稿をご参照ください）：由里［2023b］、「1970年代相互銀行業界の戦略的迷走」

（2）伴九郎（大蔵省担当官のペンネームか）［1968］、「相互銀行の普銀転換条件――求められる地銀平均並みの資金コスト――」、『金融財政事情』、1968年11月4日

（3）「衝撃的な兵庫・近畿相銀の合併構想」、『金融財政事情』1978年4月3日、および五十畑隆［1978］、「方向感覚を喪失した相互銀行」、『エコノミスト』、1978年6月10日

（4）『相互銀行』1975年12月および1976年1月

（5）梶田叡一［1988］、『自己意識の心理学』（第2版）、東京大学出版会

（6）『金融財政事情』1979年1月29日、「（解説）相銀全行同時普銀転換問題の本質と核心」、付表「相互銀行と普通銀行・信用金庫との法令・行政指導・業界申合せ上のおもな相違点について」

（7）FDM（大蔵省担当官［たち］のイニシャルか）［1976］、「普銀転換論議は〝隣の柿〟の趣」（相銀経営望見①）、『金融財政事情』、1976年5月24日

第21講 合併・転換法のもと「抜け駆け普銀化」にざわつく相銀業界

――〝普銀化〟志向の高まりと疎《おろそ》かになる業界の体質改善策――

第22講

「普銀化」の「ゴーサイン」が転がり込んだ相銀業界
――外圧による「金融自由化」の追い風と「ビジョン」の不足――

1．わずか4年で「満額回答」が出た昭和終期の「普銀一斉転換運動」

「相互銀行」という金融業態は、1987年12月の金制調「制度問題研究会」の報告書が相銀業態の消滅（全行が普銀転換）をほぼ容認したことで(1)、実質的に相銀業態としての営みの終焉《しゅうえん》が決まりました。それは奇しくも、「昭和の終わり」（1989年1月7日）とほぼ同時でした。本書の「はじめに」でもふれましたが、庶民金融機関3業態の戦後史を主題とする本書で、おおむね「昭和の終わり」をもって筆を擱《お》くのも、相銀業態の実質的消滅のゆえでもあります。

第21講で見た「〝相互〟名称削除運動」がおおむね7年間（1973年秋～1980年秋）かけて、看板から「相互」の二文字を削ることさえ実現できなかったのに比べ、実質わずか

1年足らず（1983年秋〜1984年初夏）で「全行普銀化の要望書提出OK」という「ゴーサイン」を大蔵省側から引き出すことができたのは、一体なぜだったのでしょうか[2]（以下、第21講1．の図表31「略年表」も参照しながらお読みください）。

第21講の4．で見たように、相銀業界の「〝相互〟名称削除運動」に対し、大蔵省や業界をよく知る学識者たちは「相銀諸行の経営体質の強化と（中小企業金融機関としての）専門性追求の徹底化を」と繰り返し諭《さと》しました。そして1980年秋に金制調が相銀の普銀化につき「機、未だ熟さず」との旨を述べたことは、金制調という場の重みからすれば、それが「相銀業態に対するファイナル・アンサー（有効期間：慣例的に10年程度）」であったはずです。

相銀業態のほうでも、たとえば西日本相銀の普銀化意向表明（1983年4月）直後、同年7月の匿名座談会[3]においても、「相銀に誇りを持とうとしている銀行もたくさんある」、「世間には相銀だから取引しているんだという評価も少なくない」、さらに「相銀の大勢としては、（〝普銀化〟云々《うんぬん》と騒がず）静かにしておいてほしい」などの発言が見られます。

すなわち、先の金制調の「ファイナル・アンサー」を踏まえ、「引き続き相銀として励むなかで急ぐことなく制度論議を積み上げていきたい」という、考えてみれば当然の「正論」が業界の主流だったようです。約70行、役職員数9万4000人、資金量32兆円[4]、貸出先数約190万[5]という規模の、一つの金融業態の大きさとその命運を論じることの重さを顧《かえり》みれば、熟慮が必要なのは当然と言えるでしょう。

2. 米国発の「金融自由化の奔流《ほん》」が可能にした「普銀一斉転換」要望

しかし、1980年秋に金制調委員会の場で長谷川相銀協会長がギブアップし（第21講の最終段落参照）、その後を引き継いだ四島《ししま》相銀協会長（福岡相銀社長）は、なかなかのアイデアマンかつ「普銀化」推進論者でした。

第7講で見たように、1980年頃から金利自由化の波が押し寄せました。割高な調達金利と高利回りの運用競争がバブル経済の破綻へと至ったという、1980年代後半の「史実」を知る今から見れば不可解な面がありますが、四島会長率いる相銀業界は、米国発の金利自由化の波に乗ることが相銀業界の預貸両面での競争力向上につながると考えました（信金業界が金利自由化に異議を唱えたのとは対照的に）。いや、おそらくは綿密な収益性・マーケティング分析など以前に、〝相互〟が付いてしょぼいイメージの相銀業界が「金融自由化の先鞭《せんべん》をつける先進性」をセールス・ポイントにできるだろうと考えたのでしょう（業界首脳たちの「〝相銀〟のイメージ」への思い込み的なこだわりに対しては、1．で紹介した座談会でも「いいかげんにしてくれ」との苦言が複数の出席者から発せられています）。

前述のように1983年4月に西日本相銀が高千穂相互合併・普銀化意向を表明しましたが、同じ福岡市を本店所在地とするライバル行、福岡相銀の社長として、四島会長が普銀化に一層前のめりになったのは想像に難くありません。1．で引用した相銀業界関係者座談会での「相銀の大勢としては、（〝普銀化〟云々《うんぬん》と騒がず）静かにしておいてほしい」といった発言は、その四島会長の「〝第三普銀化〟構想」に対する反応でもあったのです。

しかし、四島会長は強運でした。1983年11月のレーガン米大統領の来日以降、**「外圧」による金融自由化**が、奔《ほん》流のように金融業界全業態に押し寄せてきました（第7講1．3．参照）。大蔵省は「制度改革の〝実績〟作り」を急ぐことになり、「実態変化が進んでいて「制度改革がしやすい雰囲気にある」相銀業態の普銀転換が、大蔵省の制度改革の優先項目に躍り出たのでした。[6]

機《き》を見るに敏《びん》な四島会長は、持論だった「相銀同士が相次ぎ合併して〝普銀化〟し、なおかつ地銀協に入らず、残存相銀諸行とともに〝第三普銀協〟を構成する」という（どうにも無理のある）「〝第三普銀化〟構想」をうち捨て、「〝普銀一斉転換〟要望」に舵《かじ》を切りました。そして1984年5月、相銀協「基本問題委員会」は**「普銀一斉転換」を正式に要望する**ことを決定したのでした（大蔵大臣あて要望書提出は同月末）。

3．四島会長の「相銀制度改革ビジョン」

1984年3月22日付けの日本経済新聞「経済教室」欄に、「福岡相互銀行社長四島《ししま》司《つかさ》（全国相互銀行協会会長）」の筆者名で、「相銀制度改革待ったなし」と題した、いわば**「相銀制度改革ビジョン」**（以下**「四島ビジョン」**と呼ぶ）が載りました。この掲載日は、2．で述べた相銀協「基本問題委員会」の「普銀一斉転換」要望決定の約2か月前ですが、「四島ビジョン」の内容は相銀協の同要望書とも内容的にほぼ一致するものです。その意味で、以下で引用する「四島ビジョン」（制度改変の必要性と今後の「ビジョン」の部分）は、「相銀業界が『相銀』であることを投げ打ち、何を目指すか」を述べたものと言えましょう。

…分業化、専業化された現行制度の下で、各業態が垣根の中で既得権に固執しているため、金融の自由化、わけても金利自由化が進みにくいのは否めない事実であろう。（一文略、段落改め）またわが国経済、金融の国際化の進展に伴い、このところ欧米諸国から金融面での相互主義を求める声が日増しに強まっており、外からも欧米に準じた方向での金融制度の改革を迫られている。

（中略）

相銀は法律上、…取り扱い業務面においては、普通銀行との間にほとんど差異は認められない。強《し》いて差異を求めるとすれば、実体面において中小企業向け貸出比率が高く、公金預金のウエートが低いことぐらいであろう。［しかし］制度面では、相銀は相銀法にもとづく中小企業専門金融機関として、普銀とは異なった位置づけをされている。（低成長経済や都・地銀の中小企業金融への注力で）中小企業の借り入れ余力は高度成長期に比べればかなり高まっており、この分野に専門機関を置く必要性はきわめて希薄化していると言える。このような状況下、国民経済的にみても相銀をいつまでも中小企業専門金融機関として位置づけておく必要があるであろうか。

中小企業専門金融機関とされているがゆえに、商号からくるイメージ上の問題、公金取引面での実態上の差別など、相銀がこうむっているデメリットも少なくない。このため相銀業界では西日本相銀に続いて、上位行を中心に個別に普銀転換をめざす動きもあり、このままでは相銀制度はきわめて不安定なものとならざるをえない。（後略）

（相銀制度の）改革の基本的方向としては次のように考えている。①相銀全行が普銀（銀行法に基づく銀行）へ転換する（ただし合併を条件としない）。②都・地銀との歴史の差等を考慮し、転換後は**第三普銀グループ**を形成する。③経営実態面では、引き続き個人および中小企業との取引を主体とする。以上によってバイタリティにあふれた個性ある地域銀行として発展をめざす。

相銀が普銀へ転換することにより、地域金融機関の活性化が促進され、地域への金融サービス向上、ひいては金融の効率化にも役立つものと確信している。

（傍線・傍点・ゴチック体は追加）

「一つの金融業態のあり方の基本ビジョン」（しかも取引先企業も多く読んでいる全国経済紙上に掲載されたもの）として見た場合、「四島ビジョン」の奇異に思われる点は、借り入れのある取引先中小企業家たちの心情――「普銀転換後も今までどおり面倒見てくれるのだろうか」といった——に配慮し安心を訴えかける記述が非常に少ないことです（あえて言えば引用文中の傍線部分ぐらい、もっとも、消費者向け金融についてはある程度の記述あり）。

すでに40年を経た今のアバウトな感覚では、1984年3月と言えば「バブル経済の入り口」といった感もありましょうが、「四島ビジョン」にも「低成長経済」という言葉があるように、当時の実感は決して「バブリー」ではありませんでした。ただ、図表33にも見られるように、確かに大手銀諸行の中小企業攻勢は一層強まってきていました。しかし「四島ビジョン」引用文中の波線部分のように借り入れに苦労しないのは、おもに土地担保があったり（当時地価は上昇開始期）、財務内容が都・地銀から見ても良い企業に限られたはずです。

そのような「借り入れに苦労しない」企業は、第21講3．でも見たように得てして相銀が「非メイン行」の立場での「つきあい融資」・「スポット融資」の先であったはずで、相銀をメイン行としている中小企業の過半がそうであったとは、とても思えません。

4．「役割消滅論」は「実に情けない敗北主義」か、それとも現実直視か？

3．で「四島ビジョン」の「中小企業の借り入れ余力は高度成長期に比べればかなり高まっており」の部分に噛《か》みついてしまいましたが、その直後の「この分野に専門機関を置く必要性はきわめて希薄化している」と併《あわ》せて考えれば、「相互銀行の場合は中小企業専門金融機関としてとどまり続ける必要はもうない」という、一種の**「役割消滅論」**であったとも解釈できます。

第12講で見たように、1970年代に信金業界は「中小企業融資こそわが命」との姿勢を一層固めました。その業界ぐるみでの戦略の策定・実行ぶりは、相銀業界にも知られていました[7]。個々の相銀の中には「小零細企業のほうがむしろ貸出に対する預金歩留りが高い」など小口先回帰の動きもありましたが、信金の「裾野金融」に対抗しようにも拡散的に配置されていまった広域的な店舗網（県外店舗比率が約27%）が妨げになる、といった具合で、結局は「経営効率化の観点から大口貸出は当然」とする方向へと走っていた相銀が多かったのが、1970年代後半の状況でした[8]。

また、第6講で見た都・地銀の「下方攻勢」は、図表33が示すように1980年代に入るとむしろ激しさを増し[9]、信託銀・長信銀までが中

図表33　中小企業向け融資残高シェアの推移②

（各年3月末）

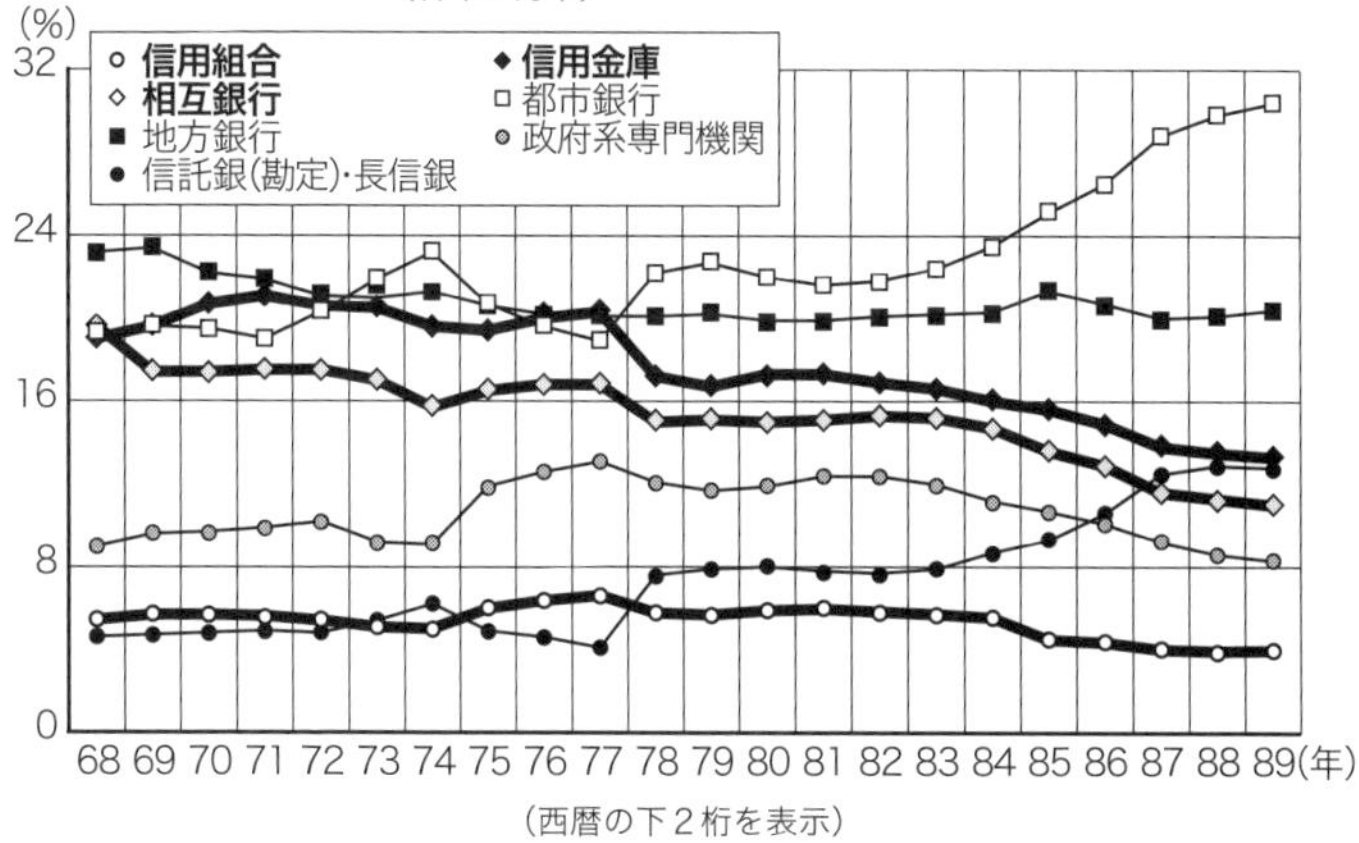

補注：都銀と信託・長信銀の1977年・78年の間、および信組の1984年・85年の間には計上基準の変更がある（後者の信組は非営業性個人向け貸出の除外、前者については不明）

出所：『信用組合史續々』［2004］742-743頁所載の計数（原データ：日銀『金融経済統計月報』、全信中協『全国信用組合決算状況』）により、筆者が作図

規模企業や「土地持ち」企業にアプローチし始めました。そのような競争激化の中で、「普銀化論議」も刺激になってか相銀業態は量的拡大志向を維持し、それは分類資産（業況不振先・破綻［懸念］先債権）比率が他業態と比べても高い原因にもなっていました。(10)

「四島ビジョン」を「なるほど」と理解する一つの方法は、同ビジョンは以上のような現実を直視し、そのうえで活路を切り開こうとしたものであり、「約70行ある相銀を『一律に中小企業融資に注力し続けよ』と制度的に位置づける『中小企業専門金融機関の一つとしての相互銀行業態』という縛りはもはや合理性を失っている」と訴えたもの、という解釈でしょう。

つまり、「普銀転換後の〝第三普銀〟は、各銀行の顧客基盤や地盤地域の競争状況に応じて、今までどおり中小企業金融重視でももちろん良いが、他方、個人ローン重視や地銀のように大・中・小企業ともに貸すような戦略もＯＫ」というのが「四島ビジョン」、という理解です。

しかしそれでは、「一体〝第三普銀〟は何を持ち味とする金融業態なのか」という疑問が残ります。第三相銀（三重県）の三浦道義社長は、その疑問に加え、そもそも〝第三普銀〟も中小企業金融を重視し続ける、と「四島ビジョン」も言っているのであるから、なおさら「相互銀行⇒第三普銀」の業態変更など必要ないではないか、と次のように訴えています。(11)

（一斉普銀転換論）は、一方で思い上がりであり、他方自己卑下的でもある。（中略）

[地銀並みで前向きに普銀転換できるせいぜい四、五行を除き] 相互銀行に嫌気して逃げ出したくなっての転換論や、役割消滅論は実に情けない敗北主義であり、敵前逃亡のようなものだ。(中略) もっと大事なことは、相互銀行の使命、社会的役割をなんと心得ているのか。

5. 融資対象の「専門分野」の撤廃に伴う「貸出資産の劣化リスク」の軽視

4.の終わりの引用文では〃(中略)〃とした、「(相銀業界が) 今なすべきこと」を列挙したなかに、三浦社長は「貸金業的体質 (の除去)」も挙げています。確かに、前述のように分類資産 (広義の不良債権) 比率が高い相銀諸行が、今の「(制度上の) 専門分野」である中小企業金融の領分においてさえ融資審査体制・ノウハウが不十分なのに、その中心軸を外し、大企業融資や個人ローンなどまで重点融資分野を拡散させてしまった場合、貸出資産の質はさらに悪化しないでしょうか。そこが「四島ビジョン」の最大の問題点だったと、筆者には思われます。

第12講で見たように、１９７０年代の信金業界は１９６８年金制調の答申内容 (中小企業金融３業態はおもな融資対象を中小企業に定める「専門機関」たるべき) に忠実に、今の金融用語で言えば信金の「事業性融資」の能力を高めようと、業界挙げての努力を重ねていました。そもそも融資審査に関する組織的力量は一朝一夕《いっちょういっせき》に備わるものではありません。それなのに、〝第三普銀〟業界が「業界挙げて」ではなく各銀行に半ば任せ、それで地銀に匹敵するような融資審査体制・ノウハウが身につくはず、というのが「四島ビジョン」の暗黙の（楽観的）見通しでした。それが結局、バブル後の第二地銀の高い破綻率（25％）の原因の一つになったのではないでしょうか。

西村［2003］（著者は元大蔵省銀行局長）は、大手銀行が金融自由化で業務範囲が拡大したにもかかわらず、バブル崩壊後の不良債権問題で破綻や（業態リストラ的な）合併が相次ぐことになったことについて、業務範囲の拡大により全銀行が存続していけるだろうという見通しは甘かった、という趣旨の「反省」をしています。[12] 同書に相銀一斉転換についての同様の振り返りはありませんが、筆者は相銀業態についてこそ、全行一斉に融資対象の「専門性」を撤廃し（業務範囲の拡大）生き残りを図らせるのではなく、大蔵省が以下のような道筋をつけるべきではなかったか、と考えます。

・個別相銀が望み、かつ地銀並み以上の経営・財務体質がある場合だけ、合併・転換法による普銀転換を認め、それら銀行は（いやがる意識もあった）地銀協に受け入れさせる

・相互銀行業態を存続させ、漸進的な規制緩和により業務範囲の地銀への近接を図る（法令上の〝中小企業〟を上回る中堅企業までは「相銀業態の専門性」の範囲に含める）

・他業態に比べ見劣りがあった自己資本比率・分類資産比率などの健全性の向上を相銀協と検査当局が協力して図る

以上のようにすれば、地銀協で少数派になることを嫌う有力相銀も含め、結果的に相銀の大多数がとどまった業界が維持され、また1970年代以来「普銀化」に力を費やしてきた相銀協も、より前向きな業界向上策に努める組織になったでしょう。かくして若干小ぶりでも相互銀行という制度が存続し、所属諸行の業態意識・体質向上努力が続くようになっていたならば、「貸出資産の劣化リスク」はずいぶん抑えることができたのでは、と思われます。

6．メイン先中小企業群の大切さを意識し続けた旧相銀が生き残ることができた
――第4部（相互銀行史）の結びとして

本講の冒頭でも述べたように、「昭和の終わり」（1989年1月）の直前に相銀業態の終《しゅう》焉《えん》が実質的に決せられ、1989年から1990年にかけて67の相銀が普銀（第二地銀）へと転換しました。

第20講5．で名古屋相銀・栃木相銀を例に取り上げ、「取引先層のレベルアップ」に追随しなかった相銀諸行もあったと述べました。第二地銀への転換に際しても、これら両行、そして本講4．で三浦社長を紹介した第三相銀改め第三銀行は、「四島ビジョン」はさておいて自

らの銀行の戦略を熟考しようとしたはずです。それらの銀行は普銀転換後も引き続き中小企業金融を経営の中心に置きましたし、それゆえバブル期の傷も相対的に少なく、その後の存続にもつながりました（なお第三銀行は、２０２１年に地銀の三重銀行と対等合併して三十三銀行［地銀］に）。

いささか筆者の個人的思い入れ——大阪での銀行勤めの頃からその行風に接していた縁《えん》——も混ざってしまいますが、もう一つの存続行、近畿相銀（現関西みらい銀行）の神阪《こうさか》社長が普銀転換の直前に述べた一文を紹介し、結びとします。ここには、生き残り得た相銀、いやどの金融業態であっても共通の存続策であろう、**「今、メインを多く取れている顧客層を大事にし続け、メイン先を一層増やす」**という姿勢が宣言されています。(13)

私は転換後も、顧客のニーズ、要請は相互銀行時代と変わらないと思う。かえって顧客の側では「地銀になると冷たくなり、いままでのように親身で面倒をみてはくれなくなるのでは」という心配のほうが多いのではないかという気がする。（中略）当行では取引姿勢を絶対にいままでと変えない。中小企業、個人を中心に据えた経営を続けていく。…普銀転換に際しては中小企業のメイン化を大きな目玉とする。一言で取引を深めるといっても、どれだけ中小企業のメイン化を進めていくかが…大きく問われることとなる…。

（1）『銀行局金融年報』（平成元年版）、146－147頁。なお、同研究会の正式名称は「専門金融機関制度をめぐる諸問題研究のための専門委員会」

（2）本講の1．から5．については由里［２０２４］、「『庶民金融機関の戦後史』補論ノート」、2節において、より詳しく論じている。なお、相銀協・四島会長の動向については『第二地方銀行協会50年史』［２００２］322－344頁などに拠《よ》っている。

（3）［〝業界事情通〟による］「匿名座談会：同質化の実体を重視した制度論の再燃を」、『金融財政事情』、１９８３年７月４日

（4）１９８３年3月末時点、『銀行局金融年報』（昭和58年版）、198－199頁

（5）１９８０年3月末時点、井坂武彦［１９８１］、「『答申』後の中小金融機関経営の課題」、『金融財政事情』、１９８１年1月12日、25頁

（6）江川卓二（大蔵省官僚のペンネームか）［１９８４］、「相銀の一斉普銀転換の機は熟している」、『金融財政事情』、１９８４年8月27日、および［元銀行局長座談会］「金融制度見直しの視点と改革の方向」、『金融財政事情』、１９８８年1月4日、26頁

（7）西南子（ペンネーム）［１９８１］、「再生発展のためにニガイ反省を生かせ」（視角―相互銀行）、『金融財政事情』、１９８１年6月8日

（8）桑原稔（記者）［１９７７］、「貸出先数の減少下で融資戦略を模索」（需資低迷下の融資ビヘイビアをみる＝相銀）、『金融財政事情』、１９７７年5月2日

（9）「新聞の盲点：流動性不足に悲鳴あげる都銀上位行」、『金融財政事情』、１９８４年9月17日、および、小野吉永（日銀考査局）［１９８６］、「二極分化する業態間の融資格差」、『金融財政事情』、１９８６年7月14日

（10）「大蔵省金融検査官座談会：逆選別の進展で顕著となる金融機関収益格差」、『金融財政事情』、１９８４年10月15日、38頁、米田実（日銀考査局）［１９７９］、「相互銀行経営の現状と問題点」、『金融財政事情』、１９７９年9月17日、および注（9）記載の小野［１９８６］

（11）三浦道義［１９８５］、「相互銀行は生きる」（一人一題）、『金融財政事情』、１９８５年7月1日

（12）西村吉正［２００３］、『日本の金融制度改革』、東洋経済新報社

（13）神阪昂哉（インタビュー）［１９８９］、「報われた地銀並みへの経営体質改善努力」、『金融財政事情』、１９８９年1月30日

終講

「庶民金融機関のこころ」
―「どうにか貸せるようにしたい」との気持ちで借入れ希望者と向き合う―

1. 庶民への「本心からの金融」など、この世にあるのか?

「はじめに」の冒頭で述べたように、筆者の社会人としての出発点は銀行支店の法人融資窓口でした(正確にはその前に預金・出納の〝見習い〟仕事をしましたが周りに迷惑を掛けた記憶ばかりです)。自分の書いた稟議書《りんぎ》(貸出申請書)が通ると本部の審査部署から認可のテレックスが入り、そのたびごとに小躍《こおど》りしたものです。それとは逆に、本部から直通の電話が入ると心臓がバクバクしました(「まぁた叱《しか》られるのか」と)。「原体験」として、「融資・・・できることは楽しい」が刷り込まれました。

やはり「はじめに」で述べたように、筆者は1995年秋、銀行の巨額損失事件と米国の雑誌記事とに同時に遭遇したのを機に、米国「コミュニティ銀行」の研究者になりました。

そしてその世界で、「コミュニティ銀行で働くことは楽しい」と本心から思っているコミュニティ・バンカーたちが大勢いることを知りました。

長年働いた大手行を辞めてコミュニティ銀行の経営者になった。もう本部の指示一本でコミュニティの顧客の声を犠牲にすることもない。まるで死んでいたのが生き返ったような気持だ。（匿《とく》名のコミュニティ銀行CEO）[1]

そのようなコミュニティ・バンカーたちの姿勢につき、コミュニティ銀行の業界誌 ***Independent Banker*** の専属記者ニューカーク氏は次のようにまとめています。

より大きな規模の銀行の人々も、コミュニティ銀行と同じサービスを顧客に対し行っている、と、よく口にはする。でも、コミュニティ銀行の人々の言葉には、もっと本心がこもっているのである。（傍線は追加）[2]

しかし、2003年の拙著に盛り込んだこの「コミュニティ・バンカーたちは本心から地元コミュニティ（小都市や農村部の郡［カウンティ］）の中小企業・住民のために働いている」との筆者の「見解」に対し、「金融論」の研究仲間からは批判・疑問の声もいただきました。

そもそも「金融論」を持ち出すまでもなく、世間の「常識的感覚」として、金融機関とりわけ庶民層への融資姿勢に関しては「本心からの金融」などあるものか、とする受け止め方も多いように思われます。

2. 戦後の信金・信組・相銀制度に「装着」された中小企業融資からブレない姿勢

第9講の3. で見たように、たとえば「信用金庫」の制度設計に際しても、大蔵省の担当官たちは「本心から中小企業向け融資に専念してくれるかどうか」疑ってもいたようです。「この新しい金融業態も、制度的にうまく〝歯止め〟を掛けない限り、いずれもっと大きな企業向けの融資に傾いてしまうだろう」という疑念です。

それゆえ信用金庫は中小企業・個人だけが「会員」になれて融資を受けられる制度となり、信用組合は員外貸出の禁止はもちろん員外預金さえ原則禁止となりました。相互銀行は「固有業務」の相互掛金が中小企業・個人の「伝統的人気商品」であり、それが相互銀行が大企業になびかない歯止めになると大蔵省は考えたのですが、この制度設計だけはスベりました（第19講参照）。

3. 協同組織の組合員・会員が持つ「融資期待権」に応えようとしたしんくみ・信金

大蔵省の制度設計がそれなりに奏功した信金・信組《しんくみ》業態にしても、「本心からの中小企業向け融資への専念」は、制度的〝歯止め〟だけで身につくものではありませんでした。

しんくみは中小企業者などの「協同組合」そのもので、信用金庫も「協同組合性」は持っています（第9講参照）。協同組合の組合員（信金では「会員」）には「組合機能の利用の権利」があり、その中には「融資を希望する権利」すなわち**「融資期待権」**も含まれます(3)。もちろんしんくみ・信金には貸出資産を毀《き》損しない責任もあり、審査が前提となりますが、銀行ならば即座に断るようなケースでも、「どうやったら貸せるようになるのか」真剣に考えたり、どうしても貸せる見込みが立ちにくい場合でも丁寧に説明して納得して帰ってもらうのが、組合員・会員に対する本来の姿勢でしょう。

第14講全体で「描写」したような、１９５０年代しんくみ業界勃興期の活力は、そのような「協同組合本来の姿勢」と機能とを、ほとんどは創立間もない若い諸組合が、次の引用文にあるように懸命に果たそうとした、その表れではないかと思われます。

> 町の中の小さく身近な金融機関、その存在感が強く感じられるのは、不思議に生まれたての頃のことである。…50年前、この国の信用組合も…小さく生まれ、小さな商い（融資）に専念した。それが復興期のこの国に干天の慈雨のような役割を果たした。

豊かになり、信用組合の顧客も地域の有力者、大手のメンバーが増えるにつれ、信用組合自体も徐々に変質してきた。そうしてどこか半端な場所に立っている信用組合もある。

初めに立った地点を思い出してみたい。そこで何を志したかを、どのような人々に何ごとを果たしてきたかを強く思い出してみたい。そこで新規参入のうぶな心で、あらたな信用組合の一歩を踏み出したい。（信組時評「創業の頃を思い返し、新たな一歩を」(4)、傍線は追加）

信用金庫にも戦後復興期に設立されたものは少なくありません。組合史・金庫史を紐解《ひもと》けば、上の引用文のはじめの段落のような「復興期」の若い組合・金庫の奮闘ぶりが描かれていることも少なくないでしょう。筆者は、組合員・会員のことを「本心から」思い、奮闘し続けた役職員たちは少なくなかったのでは、と感じています。

4.「初心回帰」の姿勢で取り組んだ1970年代信金業界の「信金らしさ」追求

第2部（信用金庫史）の前半（第8・第9講）で見たように、信用金庫の多数派、とりわけ「有力金庫」の大多数は戦前の市街地信用組合を前身とし、戦後復興期においてすでに「小さく生まれ」た（3.の引用文）金庫ではなく、「歴史も経営基盤もしっかりした金融機関」を自負していました。

それゆえ信金業界内には、ややもすれば「銀行化志向」もあり、第11講で見た大蔵省の「信金銀行化論」（1967年）は業界内の「銀行化派」に期待していた面もあったのかも知れません。しかし当時の小原全信協会長をはじめ諸信金の経営層の圧倒的多数はその提案を断固拒否し、業界の中央・地方組織の諸会合では「信金（制度）抹殺論断固反対！」の声まで上がりました。

第12講1．で見たように、信金業界の1970年代前半の指針となった「躍進五カ年計画」は「信金が抹殺されかけた」というトラウマ的な感覚と危機感のうえに立ち、**「信金らしさ」**を追求しようとするものでした。大蔵省「信金銀行化論」は図らずも、市街地信用組合以来の「有力金庫」も含め、3．の引用文にある「初めに立った地点を思い出」させる、意外な効果をもたらしたのでした（「歴史の綾《あや》」の面白さです）。

1967年金制調答申が「中小企業専門金融機関」3業態の位置づけ・役割として最も強調したのは「中小企業［向け融資］への定着」でした。信金業界内では、協同組織形態ならではの**「会員制度」**に**「中小企業への定着」**――「会員」中小企業を都・地銀に「横取り」されないことも含め――の鍵、そして同時に信用金庫の「原点回帰」・「特性発揮」への道がある、との意見が有力になっていきました。

次に引用するのは、その頃『信用金庫』誌に掲載された「誌上討論」のなかの金庫「幹部

職員」たちの、熱のこもった意見（全信協・中村紀文まとめ）です。(5)

［信用金庫の］実態が普通銀行等に近づきつつあるとともに会員意識が希薄化している…のはなぜか、という疑問も［研修所での］座談会でとりあげられた。…それらの話し合いの過程で、もっと重要なことが発見された。

それは、「信用金庫で働く職員一人一人が信用金庫の成り立ちとか、存在する理由というものを熟知し、納得しているか」ということであった。…この問題解決のカギは意外と近く私達一人一人の心の持ち方にあることも確認された。（信用金庫で働く者は、信用金庫にもっともっとホレるべきであり、ホレた相手の自慢はもっと大胆に行なうべきである）。

信用金庫の役職員全員が信用金庫法下にある信用金庫の良さ、立派さを胸を張って語れるよう勉強と努力をなすべきであるというのが会員意識希薄化対策の答えとなった。

（傍点は原文、傍線は追加）

5．1970年代の信金業界に芽吹《めぶ》いた「日本〝固有種〟のリレバン」

「会員制度」の意義について一層考えようとする信金業界の姿勢は、信用組合における「融資期待権」（3．参照）がおのずと信用金庫でも意識されることにつながり、「信用金庫た

るもの、銀行よりも一層『どうやったら貸せるのか』と努める姿勢が求められる」という考え方につながっていきました。(6)

ちょうどその時期、1974年以降の低成長期が長引くにつれ、「優良先」中小企業に都銀のセールスがかかる一方で、信金が「命綱」とならざるをえない中小企業取引先の苦境と付き合うことも増加していきました。次の箇条書きは、1976～77年の金融雑誌が伝える金庫・取引先の様相、そして「金庫のあるべき姿勢」です。

・長期不況の結果行き詰まりつつある地場産業などに対し「中小企業が悪くなれば（通勤サラリーマン等）個人があるさ」との逃げの姿勢を地元信金は取るべきではない。そのような事態に際して「よく面倒をみた」信金は、その後きわめて信頼され、支持されている。

・金融界恒例の「年末金融支援」の時期ではあるが、信金取引先の多くが長期にわたる不況のなかで危機的状況に追い込まれ、そこから脱しきれていないなか、もはや「一時しのぎの資金供給姿勢では通用せず、現状を前提として貸す、貸せるという判断力をわれわれが持たざるをえない」。

・信金業界は一部金融機関のように、不況対応に成功した優良企業とだけ取引すればよいのではなく、「取引先のすべてがよくなるように努力しなければならない」。

・「預金や担保があるから貸す」という発想から脱し、貸出担当者は「商売、生活の全体をとらえること」を目指すべきである。

これらには、2003年以降の金融庁行政が推奨してきた**「リレーションシップ・バンキング（地域密着型金融）」**、また昨今の言葉では**「事業性評価」**の姿勢にも通じる観察や発想法が豊富に見られます。筆者は、2003年に『リレーションシップ・バンキング入門』を出版した頃、信金業界の方々から「先生の仰るアメリカのコミュニティ銀行の**〝リレバン〟**は、私たち信金がずっとやってきたことと同じですよ」と何度も声を掛けられましたが、実際、1970年代の信金業界では**「日本〝固有種〟のリレバン」**が芽吹こうとしていたのではないでしょうか。

前述のように、1970年代の信金業界は「中小企業への定着」を図ろうと努め、都銀などとの競争激化のもと、「会員」中小企業向けの融資マーケットにつき「これを守り抜かねば制度的にも経営的にも信金業界に明日はない」という気持ちを共有していました。「都・地銀や相銀が逃げる場合でも自分たちは逃げない」という強い気持ち[7]を持つことで、「どうやったら貸せるのか」と貸し手として真剣になり、借り手の業況を目を凝らして観察し、借り手と対話を重ねる、そのことが「リレバン的姿勢」のアンカー（錨《いかり》）になっていったと思われます。

なお、3．で述べたように草創期から「どうやったら貸せるのか」という状況に向きあい続けてきたしんくみ業界にも、「リレバン的姿勢」の生育はあったと思われます。筆者自身まだ研究途上ですが、しんくみ業界における「リレバンの萌芽《ほうが》」の一端は「昭和期しんくみのルーツとあゆみ㉛」（『しんくみ』2024年4月）に記しています。

6．相銀業界では業態理念の失速にもかかわらず持ち味ある銀行が輩出した

第19講で述べたように、相銀業態では自らを中小企業に結びつける鍵であった相互掛金という「独自商品」（法的に自業態だけが取り扱える金融商品）が早々に失速し、それが体質上の「普銀化」（1960年代以降）ひいては「普銀転換」（1989～90年）につながりました。

しかしながら、第18講で見たように、戦前の無尽会社が「営業無尽」として営んでいた**無尽講**という**「講メンバー間でお金を回す〝相互金融〟」**の仕組みは、信組・信金の協同組合（明治以降）をはるかにしのぐ歴史をもち、むしろ「日本の相互扶助金融のルーツ」とも呼べるものでした。そして戦争直後に組織された無尽会社も含め、新生「相互銀行」諸行と大蔵省は「相互掛金＝相互金融の仕組み」が庶民金融の代表選手であることを信じて1951年の相銀制度の門出を祝ったのでした（第19講1．参照）。

第21講で見た1970年代後半の「〝相互〟名称削除運動」の頃、お隣の相銀業界の状況を

心配する信金業界の識者は「理念なき制度は、容易に変質するという運命をもっているような気がしてならない」と、本来**「相互扶助」の理念**を信金と共有していたはずの相銀業態の理念失速を憂えました。(8) 大局的に見れば、相銀協に代表される相銀業界中央は、その後の普銀転換時も含め、加盟諸行が「なるほど」と納得する「業態理念」を打ち立てることができなかったように思われます。(9)

しかし、相銀業界で面白いのは、「親（業界中央）はなくとも子（個々の相銀）は育つ」という現象が見られたことです。第4部（相互銀行史）の第20講5．や第22講6．において、多数派や業界中央とは別個に、自身で「どのような取引先に注力するか」に関する戦略を見定め、結果的に**「中小企業取引という得意分野」からブレなかった相銀諸行**を紹介しました。

本のラストにここまで近づいて、もはや個別行のエピソードを書く余裕はないのですが、「相銀は個別行そして個々の役職員の個性が強み」であったことを示すべく、1978年の住友銀－関西相銀の合併話を蹴散《けち》らした相銀役職員たちの「感動実話」(10) を紹介したいと思います。

ところが…［集会］会場の雰囲気を一気に熱くするような〃ハプニング的〃声があがった。一人の女子行員が立ち上がり、「私が望むことは住友銀行と合併して給料が上がることではなく、関西相銀がこのまま残ることです。男子行員もがんばってください」と涙ながらに訴えたのである。総決起集会が、「プログラム以上の盛上がりをみせた」…（羽倉社長室長・支店長会会長の談）［住銀と違って］関西相互の場合は個性がなく、自己主張がなければ、［この中小企業のような］組織はもたない。私は血のにじむような心身のサービスが、この銀行を支えているんだ、と自負しています。個性的だし自己主張がきつい。そういう人生を選びたいから、この銀行に入ったんだ、というのが皆さんの主張なのです。（傍線は追加）

むすび

以上述べてきたように、信金・信組・相銀はそれぞれ、昭和戦後期の少なくとも一定の時期・局面において真剣に自らの役割を考えようとしました。戦災の痕跡が残るなかでの各業態の出発時、しんくみ1950年代の「資金繰り〝火の車〟の時期」、「抹殺論」に肝を冷やした1970年代の信金業界、そして業界中央とは別に真剣に「わが道」を考えた相銀諸行……。

第1講5.で**「大衆と倶《とも》に永久《とわ》に栄えん」**という言葉を「戦後の庶民金融機関3業態（信金・信組・相銀）に共通する理念・信条」の「候補」として挙げました。本書をまとめるなかで筆者自身、しばしば感じ入りました――（自分も「自分の銀行」が好きだったけど）昭和戦後の金融マン・レディたちには一層「愛庫」・「愛組《くみ》」・「愛行」精神があり、「この職場で中小企業や地域の人々と倶《とも》に永久《とわ》に栄えたい」と、しばしば「本心から」思っていたのではないか、と。

最後に、その後輩にあたる信金・しんくみ・第二地銀の皆さんへのメッセージです。本書を通じて、皆さん方それぞれの職場が、時には大きな波風をくぐり抜けて、今の看板があることに思いを馳《は》せてもらえれば、筆者として幸甚《こうじん》です。

また、皆さんが今、あるいはいつの日か、6.の引用文にあるように「そういう人生を選びたいから、この金庫・しんくみ・銀行に入ったんだ」と思える、その小さな助けに本書がなるならば、これ以上の幸せはありません。

（1）由里［2003］、『リレーションシップ・バンキング入門』、148頁
（2）同、81頁
（3）森静朗［1973］、『金融機関の合併行動批判』、金融新報社出版部、56頁
（4）「信組時評」、『信用組合』2002年8月
（5）【誌・上・討・論】「金融二法と信用金庫」、『信用金庫』1968年12月
（6）この5.は、次の拙稿をベースにしています（本講で省いた参照文献等につき同稿をご参照ください）：由里［2023］、「1970年代相互銀行業界の戦略的迷走」、3節（後半）
（7）（1）同書、203頁（「逃げないという強い気持ち」は同書では「コミットメント」）
（8）真（ペンネーム）［1979］、「中小企業金融制度の検討と相互扶助の理念」、（視角―信用金庫）、『金融財政事情』、1979年11月12日
（9）大前茂七（第二地銀企画担当者）［2004］、「地銀追随戦略と決別し得意分野に集中すべし」、『金融財政事情』、

２００４年5月24日、22頁
(10)【引用文の前段落】山本忠明（記者）［１９７８］、「合併反対の抗争強まる関西相銀」、『金融財政事情』、１９７８年7月24日【引用文の後段落】「この人と一時間」（インタビュー）「羽倉義尚――庶民金融こそ相銀の原点だ」、『エコノミスト』１９７８年9月12日

簡略表示した業界年史等の一覧

『銀行局金融年報』（各年度版）
…［大蔵省］銀行局金融年報編集委員会（編）［各年度版］、『銀行局金融年報』（各年度版）、金融財政事情研究会
『信用金庫史』［1959］
…全国信用金庫協会（編）［1959］、『信用金庫史』、全国信用金庫協会
『信用金庫25年史』［1977］
…全国信用金庫協会（編）［1977］、『信用金庫25年史』、全国信用金庫協会
『信用金庫40年史』［1992］
…全国信用金庫協会（編）［1992］、『信用金庫40年史』、全国信用金庫協会
『信用金庫60年史』［2012］
…全国信用金庫協会（編）［2012］、『信用金庫60年史』、全国信用金庫協会
『信用組合史』［1976］
…全国信用協同組合連合会20年史編集室（編）［1976］、『信用組合史：全国信用協同組合連合会20年史』、全国信用協同組合連合会
『信用組合史続』［1984］

…全国信用協同組合連合会年史編集室（編）［１９８４］、『信用組合史続』、全国信用協同組合連合会

『信用組合史續《ぞく》々』［２００４］

…全国信用協同組合連合会年史編集室（編）［２００４］、『信用組合史續々』、全国信用協同組合連合会

『相互銀行史』［１９７１］

…全国相互銀行協会（編）［１９７１］、『相互銀行史』、全国相互銀行協会

『第二地方銀行協会50年史』［２００２］

…第二地方銀行協会（編）［２００２］、『第二地方銀行協会50年史』、第二地方銀行協会

ベースとなった筆者の論文など

研究論文・研究ノート（本書中では〝由里［刊行年］、「（メインタイトル）」〟で表示）

◎下記URLにてダウンロード可能です（各トップページの検索ボックスが便利です）
『経営研究』…https://omu.repo.nii.ac.jp/（大阪公立大学「学術情報リポジトリ」）
『中京企業研究』…https://chukyo-u.repo.nii.ac.jp/（中京大学「学術情報リポジトリ」）

――［2020a，b］、「日本相銀の『中堅企業』指向と『選択的拡大論』――相銀業態の中小企業融資先数の減少をもたらした一因――」（前編、後編）、『経営研究』（大阪市立大学）、第71巻1号および第71巻2号

――［2020c］、「無尽会社の一つの基盤としての『無尽講の心性』――私人間無尽が提供した意識されざる『営業支援』と昭和戦前・戦時期における同『心性』の衰微――」、『中京企業研究』、第42号、2020年12月

――［2021a，b］、「『協同組織』信用金庫における『協同』の位置づけ――信用金庫法の立法経緯とその前後の業界論説から――」（前編、後編）、『経営研究』（大阪市立大学）、第72巻2号および第72巻3号

――［2021c］、「信用組合業態の根拠法と理念の在処《ありか》との懸隔――協同組合理念と小

零細事業者融資に勤しむ信用組合の実態との乖離と後回しになった業界理念の探求
――」、『中京企業研究』、第43号、２０２１年12月
――――［２０２２ａ］、「１９６７年大蔵省『信金銀行化論』の背景――『アジェンダ論』と『業態間業務分野調整』の視点からの再検討――」、『経営研究』（大阪公立大学）、第73巻３号
――――［２０２２ｂ］、「『金融効率化』行政と『業態理念冬の時代』に差し掛かった相銀・信金・信組――１９６０年代末頃における各業態の方向性の際立った相違――」、『中京企業研究』、第43号、２０２２年12月
――――［２０２３ａ］、「１９７０年代京都信金『コミュニティ・バンク論』再考――当時の『コミュニティ』言説ならびに金融機関的状況の両面から――」、『経営研究』（大阪公立大学）、第74巻２号
――――［２０２３ｂ］、「１９７０年代相互銀行業界の戦略的迷走――〝相互〟名称削除論議と信金業界の『信金らしさ』追求との比較史――」、『中京企業研究』、第44号、２０２３年12月
――――［２０２４］、「『庶民金融機関の戦後史』補論ノート」（研究ノート）、『中京企業研究』、第45号、２０２４年12月

著　書（本書中では〝由里［刊行年］、「（メインタイトル）」〟で表示）

由里宗之［２０００］、『米国のコミュニティ銀行――銀行再編下で存続する小銀行――』、ミネルヴァ書房

――［２００３］、『リレーションシップ・バンキング入門――地域金融機関と顧客・地域社会との互恵的関係のために――』、金融財政事情研究会

業界誌への連載・寄稿（本書中では【連載】は〝昭和期しんくみのルーツとあゆみ・連載回・掲載号［年・月］〟で、また【寄稿】は〝由里［刊行年］、「（メインタイトル）」〟で表示）

【連載】「昭和期しんくみのルーツとあゆみ」、『しんくみ』（全国信用組合中央協会）、２０１９年４月（第1回）～２０２４年10月（第34回）（その後も連載継続中）

【寄稿】「『信用金庫丸』の船出――金庫人も当局者も喜び合った１９５１年とそれに至る紆余曲折――」、『信用金庫』（全国信用金庫協会）、２０２１年６月

著者紹介

由里宗之（ゆり・むねゆき）

1959年　京都市生まれ
1982年　京都大学文学部卒業（人文地理学専攻）
1984年　同経済学部卒業、大和銀行（現りそな銀行）入行
1990年　ハーバード大学ケネディ行政学大学院修了（公共政策学修士）
1996年　大和銀行退職
1996〜1997年度　大阪市立大学経営学研究科後期博士課程
（1997年度末に中退、のち2000年に『米国のコミュニティ銀行』で博士［商学］学位取得）
1998年　中京大学商学部専任講師、2000年同助教授
2005年　中京大学総合政策学部教授
2018年度末に中京大学を早期退職
2019年　大阪市立大学大学院経営学研究科客員教授（現在に至る）
（2022年度から大阪公立大学）

2005〜2010年　瀬戸信用金庫員外監事
全国信用金庫研修所・全国信用組合研修所などで講師役を約20年間務める

主な著書
『米国のコミュニティ銀行』（ミネルヴァ書房、2000年）
『リレーションシップ・バンキング入門』（金融財政事情研究会、2003年）
『地域社会と協働するコミュニティ・バンク』（ミネルヴァ書房、2009年）
『日米地域銀行の存続と再編』（ミネルヴァ書房、2018年）

庶民金融機関の戦後史
大衆と倶に永久に栄えん

2025 年 4 月 21 日　初版発行

著　者　　由里宗之

発行所　　株式会社　三恵社

〒462-0056 愛知県名古屋市北区中丸町 2-24-1
TEL 052-915-5211　FAX 052-915-5019
URL https://www.sankeisha.com

ISBN 978-4-8244-0046-8